落語からわかる江戸の食

いろは落語づくし

稲田和浩
Kazuhiro Inada

教育評論社

いろは落語づくし ㊀

落語からわかる江戸の食　目次

装幀――花村 広

い

芋

《宮戸川《みやとがわ》》《徳《とく》ちゃん》《真田小僧《さなだこぞう》》

江戸庶民の食生活の基本は「米」であった。元禄（一六八八〜一七〇四）以降には、精米したご飯をきちんと食べていた。おかずは味噌汁に沢庵か梅干しがせいぜい。なのに白いご飯、銀シャリだけは、三度三度食した。

そのために、ビタミンBが欠乏し、江戸庶民には脚気が多かった。脚気で死ぬ者まで出たが、これが田舎に療養に行くと、白米でなく玄米や麦飯を食べるのでたちまち治ったところから、「江戸わずらい」などとも呼ばれた。

生産者である農民が米を口に入れることなど滅多に出来ず、稗、粟、そばなどの代用食しか食べられなかったのに対し、江戸の庶民は毎日のように白米を食していたというのは、なんとも皮肉な話である。

とにかく、白いご飯を食べることが、江戸っ子の誇りでもあったようだ。しかし、一度飢饉が起こり米の値段が上がると、江戸庶民でもなかなか米が食べられなくなる、ということもあった。

こんな小噺がある。


「おっかぁ、今、辰公の家の前を通ったら、かみさんと二人で芋食ってやがった。雨が続いて仕事に出られねえ、銭がなくて米が買えないんだとよ。出世前の若い者が、芋が晩飯だなんてかわいそうじゃないか。うちの飯を届けてやりなよ」

「届けてきたよ。涙流して喜んでた」

「そうかい、よかったじゃねえか。よし、うちも飯にしようじゃねえか」

「何いってるんだよ。今、辰つぁんのところにあげちゃったよ」

「なんだよ、俺たちの食うぶんまで全部やっちまったのかい。じゃ、炊いてくれよ」

「お米がないよ」

「買って来いよ」

「おあしがないよ」

「しょうがねえな。じゃ、芋食うか」

他人の難儀には後先考えずに手をさしのべ、自分の不幸にはあきらめがいい。江戸っ子らしい小噺である。

ときに、代用食としての芋はいつ頃から登場したのか。

享保二十（一七三五）年、青木《あおき》昆陽《こんよう》が八代将軍・徳川《とくがわ》吉宗《よしむね》に薩摩芋の栽培を上申、小石川養生所にて研究を重ね、全国に普及させた。これにより多くの人々が飢饉による飢えから救われたのだ。

代用食として重宝された薩摩芋だが、米が常食の江戸では、女性や子供たちのおやつとしても親しまれた。

「俺が若い頃は外で一声上げると、女がワーッと集まってきたものだ。焼き芋屋やってたけどな」という《宮戸川》のおじさんのセリフで、焼き芋が女性に人気だったことがよくわかる。廓噺(1)《徳ちゃん》では、不細工な遊女を、芋をかじりながら出てくる仕草で表現している。女性が芋をかじるという表現のいじきたなさが、どこか間抜けで滑稽味がある。

しかし、芋はやはり無邪気な子供たちのおやつの定番だ。《真田小僧》では、長屋の金坊が焼き芋を買う六文の銭を親からまきあげる。その巧みな話術は実に見事である。

（1）廓噺…吉原などの遊廓を舞台にした落語。《お見立て》《三枚起請》などがある。

《宮戸川》

帰りが遅くなり、家を閉め出されたお花と半七。半七は霊岸島の叔父の家に泊めてもらおうと訪ねるが、お花が付いてきてしまう。

夜中に若い男女が訪ねて来たのだから、これは恋のもつれで死ぬの生きるのに違いないと、叔父は勝手に思い、二人を二階にあげて梯子をはずしてしまう。これが幸いし、二人はめでたく結ばれる「お花半七馴れ初め」。

落語には珍しい、ほのぼの系ラブコメディ。寄席などでよく演じられている。

《徳ちゃん》

落語家が吉原へ遊びに行く。もちろん、落語家の遊びだから安い店で、安い遊びならではのエピソードが飛び出す。主人公の落語家が連れの男に「徳ちゃん」と呼びかけるのがタイトルになった。

舞台は昭和の初め頃で、当時の落語家が吉原へ遊びに行ったときのことをおもしろおかしく高座でしゃべっていたものが、一席にまとめられたものだろう。現在では、柳家さん喬らが寄席で演じている。

《真田小僧》

こづかいが欲しい金坊にとって父親は絶好のカモだ。「お父つぁんが留守のときに男の人が来たよ。サングラスかけて白い洋服の……、そしたら、お母さんが布団を敷いて……」。そんな話を聞かされたら父親は尋常じゃない。「それでどうした？」「お父つぁん、続きが聞きたきゃ、銭を出しなよ」

子供が出てくる落語の定番。落語の子供は《初天神》《桃太郎》《雛鍔》など、こまっしゃくれた子が大人をやりこめるところに笑いが生まれる。寄席でよく演じられている。

ろ ロバのパン

《動物園《どうぶつえん》》

《動物園》という落語がある。

明治末の上方の落語であるが、現在は東京でも演じている人の多い一席だ。職がなくて困っている男が移動動物園に雇われる。一日ぶらぶらしているだけで、高額の報酬がもらえるという言葉につられてのことだが、その仕事というのが、動物園の売り物のライオンが死んでしまったので、ライオンの皮を着て一日檻の中でぶらぶらしているというもの。確かに、仕事の内容はぶらぶらしているだけ。ライオンは動物園のドル箱だから、それなりの報酬も約束されるだろうが、なんともばかばかしい話だ。

移動動物園というのは現在でもある。大都市にはもちろん大きな動物園があるが、地方の子供たちは動物を見る機会など滅多にない。そんな子供たちのために、動物たちが車に乗せられて巡回してくるのである。

私も数年前に青森県で見た。城跡の広い公園に、にわか設置の動物園が出来ていたのには驚いた。呼び物は、ホワイトタイガーだった。時間があったらのぞいてみたいと思ったが、残念ながら時間もなく、また入場料が確か千五百円くらいしたので見学をあきらめたが、横を通ったおりに首の長いキリンだけは無料で見ることが出来た。

そんな大がかりなものだけでなく、犬や猫、兎など小動物を見せる移動動物園は都内でも時々見かける。

落語に出てくる移動動物園は、ややいかがわしい。動物園というよりは「見世物興行(1)」に近いものだったようだ。明治から昭和初めの頃までは、そんな商売もずいぶんあったのだろう。

菊池寛《きくちかん》作の戯曲「父帰る」のお父さんが、実は移動動物園を経営していたらしい。人の二、三十人も使い羽振りがよかったのだが、広島で火事にあい、トラやライオンが死んでしまって、すっかり落ちぶれてしまったそうだ。

「父帰る」の時代設定が明治四十(一九〇七)年。してみると、落語のライオンが死んでしまった《動物園》は、「父帰る」のお父さんが経営していた動物園だったのかもしれない。

この落語のもうひとつの貴重なアイテムに、「ロバのパン」がある。動物園に来た子供がロバのパンを持っている。ライオン（中に入っている男）が子供を脅かして、ロバのパンを奪いとるという間抜けな場面がある。

「おかぁちゃん、ライオンがロバのパン食べよったで」

「そないなライオンがおるかいな。あら、ホンマや。ロバのパン、食べてるわ。けったいなライオンやね」

ところで、ロバのパンとはなんぞや。

京都で売っている蒸しパンのことだ。株式会社ビタミンパン連鎖店本部というところが「ロバのパン」で商標登録し、独特の蒸しパンの味の伝統を守っている。昔は、ロバが引く車で売りに来たからロバのパンといったらしい。

ビタミンパン連鎖店本部の創業は昭和二（一九二七）年というから、明治の頃の《動物園》とは時間がずれる。たぶん、後の落語家がギャグとして加えたものだろう。昭和三十（一九五五）年には「パン売りのろばさん」がキングレコードから発売され、翌年からテーマソングとしたというから、関西地方ではたいへんな人気だったのだろう。現在では馬車でなく自動車による移動販売があるそうだが、ぜひ一度食べてみたいものだ。

（1）見世物興行…縁日などで珍しいものや動物、曲芸や奇術などを見せる興行。

《動物園》

仕事がなくて困っている男が、一日ぶらぶらしていて高額の報酬が得られる仕事を紹介される。移動動物園でライオンが死んでしまい、皮だけ残った。その皮に入って一日檻の中でぶらぶらしていればいいのだ。なるほど楽な仕事だったが、動物園の司会者が突然、「さぁ、これからトラとライオンの一騎打ちをご覧に入れます」、そんな話は聞いてない。驚く男。やがてライオンの檻にトラが入って来た……。

明治から昭和の初め頃に作られた上方の新作落語。

は はんぺん、はす、芋を甘辛く煮たものを丼に二杯

《黄金餅《こがねもち》》《らくだ》

人生の終焉を飾る葬式。仏教では仏になる修行への旅立ちであるが、親しくした人との別れの悲しいセレモニーでもある。葬式はセレモニーだが、前日の通夜は、お清めの酒を飲みながら故人を偲ぶという、お別れ会になるのが現代のやり方なのかもしれない。

通夜では、弔問に来てくれた人へお清めの意味で酒肴をふるまう、ということは昔でもあった。現代ならば、会館などに席が設けられ、酒にビール、寿司と煮物、あとはオードブルなどがふるまわれ、故人を偲んで話がはずむ。

では、江戸時代の通夜ではいったいどんなものをふるまわれたのだろうか。

葬式を題材にした落語の代表的なものに《黄金餅》《らくだ》がある。どちらも通夜のようなことをする場面が出てくる。

《黄金餅》は、願人坊主《がんにんぼうず》(1)の西念が死んで、葬儀を仕切るのは隣に住む金山寺味噌屋の金兵衛。西念が飲み込んだ金銀を腹の中から奪おうという企みがあってのことだが、長屋の連中はそんなことは知らずに、一緒に上野から麻布の寺まで死骸を運ぶ。和尚の読経が済み、金兵衛のいう一言がすごい。

「貧乏寺なので茶の用意もございません。これから新橋行くと夜明かし(2)が出てますから、なんでも好きなものを飲んで食べて、自分で勘定払って帰ってくれ」

ひどい奴があるものだ。長い時間、通夜に付き合わせておいて、「自分で勘定払え」はない。

一方の《らくだ》は、長屋の嫌われ者の「らくだ」(もちろん仇名)が、河豚の毒に当たって死んだ。葬儀を仕切るのは、らくだの兄貴分で丁の目の半次というやくざ者と、たまたま通りあわせた屑屋の久六。半次は葬式が出来る金なんか持っていない。久六を使って長屋から香典を集めさせる。香典を持って線香の一本も上げに来た者には、お清めの酒の一杯もふるまいたいと考えるところはまともなのだが、なにせ金がない。そこで大家から脅しとる。

得た戦利品が、いい酒を三升。肴は、はんぺん、はす、芋を甘辛く煮たものを丼に二杯。それに、米の飯を二升、にぎり飯にして。

「はんぺん、はす、芋を甘辛く煮たもの」といういい方が、酒飲みが好みそうな肴で、なんともうまそうだ。はんぺん、はす、芋はずいぶん安上がりな材料だが、「甘辛く」というのが唯一の贅沢。砂糖も醤油も貴重である。

通夜の席に長居なんてするもんじゃない。一杯の酒に、肴は一箸か二箸の煮物でいいというわけだ。長屋中に丼二杯という量も手頃だろう。故人を偲ぶお別れ会というのは現代の発想、昔はあくまでもお清めの盃程度のことだった。

《らくだ》では、長屋の連中にふるまう場面はない。なにせ死んだのが乱暴者で嫌われていたらくだだし、長屋の連中は久六から「らくだよりも怖いやくざが来ている」と聞いている。香典だけ届けたら長居は無用だ。

通夜は、半次と久六でやりとり。酒をガブガブ飲み、手に煮物を乗せて食べる。この仕草がおもしろい。手についた煮物の汁をなめてみたり……。そう、甘辛い醤油の汁だけでも肴になるのだ。やがて、酒に酔った久六が暴れだす。彼は酒乱だったのだ。

ここでの半次と久六の立場の逆転が、《らくだ》という落語の醍醐味である。葬式にはとんだハプニングが付き物ということだ。

（1）願人坊主…乞食坊主、あるいは僧の装束で乞食をする者をいう。
（2）夜明かし…深夜営業をしている屋台などの飲食店。

《黄金餅》

下谷山崎町に住む願人坊主の西念が、爪に火を灯すようにして貯めた大金を餅にくるんで腹の中に入れて死んだ。それを見たのが、隣に住む金山寺味噌屋の金兵衛。西念の葬式を仕切るふりをして、火葬場で西念の腹を裂いて金を奪いとろうと画策する。

三遊亭圓朝の作といわれる。下谷から麻布の寺までの道中付け、生臭坊主のヘンテコなお経などの聞かせどころが多い。五代目古今亭志ん生が得意にしていた。立川談志が演じ、若手などでも演じる落語家が多くいる。

《らくだ》

らくだという仇名の嫌われ者が、河豚に当たって死んだ。兄貴分のやくざ、丁の目の半次は葬式を出してやりたいが銭がない。たまたま通りかかった屑屋を呼び止め、香典を集めさせたり、酒と料理を用意させたりする。暴力の恐怖、酒により変貌する屑屋、一人の男の死でさまざまな人間模様が描かれる。

八代目三笑亭可楽、五代目古今亭志ん生、五代目柳家小さんらが得意とした。一時間近い長演になるので、屑屋が酔っぱらう件まで演じられる場合が多い。

に 二八そば

《時《とき》そば》

江戸は外食産業が発展した町である。

大きな原因は江戸庶民の住宅事情にある。江戸庶民の住宅が狭かった。俗に九尺二間といわれる長屋の面積は約三坪。寝起きするだけで、家で調理をして食事をするには負担が大きい。そんな住宅にも土間の台所はあったが、米を炊くへっつい（竈）があるくらいで、ほかの煮炊きの設備はなかった。

米の飯は炊いて食うが、おかずは沢庵か梅干しというのも、そうした住宅事情が影響しているに違いない。

加えて、男女の人口比が圧倒的に男の多い江戸の町では、妻帯出来る者も少ない。独り暮らしの男性が多いから、家でゆっくり食事をするよりも、手軽な外食が好まれたのだろう。

寿司、そば、天ぷら、鰻、煮売りの惣菜。なかでも、江戸の庶民に最も愛されたのは、そばだ。うまくて早くて、安い。気が短い江戸っ子にはぴったりの外食だった。

そばは米の代用食品で、稗や粟と同様、米の食べられない地方の農村で、団子や餅やそばがきにして食していたものだ。

今日、我々が食している細い麺状のそば（そば切り）として登場するのは、江戸時代になってから。そばがき、そば餅として食べられていたものが、うどんを模して細いそばに作られた。そば粉はうどん粉（小麦粉）と違って、ぼそぼそとして切れやすい。麺にするために、つなぎに工夫がなされた。そうして一般庶民に細長いそばが食べられるようになったのは、明暦（一六五五〜五八）の頃といわれている。

俗に「二八そば」というのは、「そば粉が八割で、つなぎが二割」などと落語家はマクラでいう。また、そば一杯の値段が、十六文だったところから、二×八で十六文の洒落だなどともいう。

十六文とはいくらくらいか。江戸も二百六十余年あるから、物価もまちまちで一概にはいえないが、だいたい四百円くらいか。幕府がデフレ政策で物価を抑制した寛政

（一七八九〜一八〇一）の頃は、そばの値段も十四文になり「二七そば」と呼ばれていた時代もあったし、幕末のインフレの時代には二十四文に値上がりしたそうだ。

二八そばは振り分けの荷（肩の前後に分けて担いだ荷物）を担いで売りに来た。荷の中に、そば、具、出汁、丼に箸、そばをあたためる火の道具などが入れてあるから、そうとう重たいものだ。そば屋渡世（世渡りのための商売）もなかなかの重労働である。

二八そばが登場する落語に《時そば》がある。江戸時代の時刻の数え方がキーになる落語だが、ほかにもそばの食べ方、江戸っ子にどんなそばが好まれたか、というような側面が理解出来る。

どんな麺が好まれたのか、細くてポキポキしてるのがいい。どんな出汁が好まれたか、鰹節をおごったものがいい。丼はきれいで、箸は割り箸、塗り箸や一度使った割ってある箸はいけない。先っぽが濡れてたり、葱がぶらさがってるなんてえのは論外だ。

そして、種物といわれるそばの具は何が好まれたのか。《時そば》では、「花巻」に「しっぽく」が登場する。「花巻」は海苔のかかったそばで、これは現在の東京のそば屋でもよく見かける。「しっぽく」は東京のそば屋にはあまりない。蒲鉾、しいたけ、卵焼きなどの具がのったちょっと豪華なもので、関西風のうどん屋で食べることが出来る。

もっとも、《時そば》に出てくる「しっぽく」は、竹輪が一枚ようやく入っているだけのごくシンプルなもの。屋台のそば屋で四百円なら、妥当な値段といえようか。

《時そば》

江戸時代、夜鷹そば、二八そばと呼ばれる担ぎ屋台のそば屋が流行していた。そばの値段は十六文が相場。ある男がそばを食べた後、「銭は細かいよ。いいかい、一、二、三、四、五、六、七、八、そば屋さん今何時だい？」「九つで」「十、十一……」。時刻を聞いて、一文かすめたわけだ。これを見ていた男が自分もまねしようと翌日出かけるが、少し早い時間に来てしまい……。

江戸っ子にどんなそばが好まれたのかがよくわかり、そばの食べ方など聞かせどころも多い。

ほ

本膳

《本膳《ほんぜん》》《手紙無筆《てがみむひつ》》

《本膳》という落語がある。舞台は田舎のとある村。名主の家の婚礼で、「本膳」なるものが出るというが、村人たちは本膳など食べたことがない。常識を知らない田舎の人たちを笑う噺だが、では江戸っ子が「本膳」のしきたりを知っているかと聞かれると、どうも怪しいものだ。

そもそも「本膳」とは何かというと、正式な日本料理の膳立のことである。起源は足利義満《あしかがよしみつ》の頃で、「本膳」と呼ばれるようになったのは江戸時代になってから。酒席の宴会料理に対しての本格的な料理というような意味で「本膳」といわれた。それまでは別に名称などはなかったらしい。

本膳（一の膳）、二の膳、三の膳からなり、献立は、一汁三菜、一汁五菜、二汁五菜、二汁七菜、三汁五菜、三汁七菜、三汁十一菜とさまざまだったそうだが、三汁十一菜なんて、そんなには食べられない。食べるというよりも目で見て楽しむような献立も多くあったようだ。海のものから食べ、次に山のもの、野のものと箸を付けていくなど、作法もたいへん難しい。

どんなときに出されたかといえば、やはり婚礼などの慶事のときだ。武士の慶事の献立として定着していたものだが、武士の作法をまねてみたがるのが町人のいいところ。いや、いいところなんだろうか。

江戸時代は武士が何事も中心で、武士の生活を支えるのが町人の役目。武士は消費者で、その生活に対するサービスを提供するのが町人である。武士は消費するばかりであるからどんどん貧乏になり、そこには当然、富の移動が起こる。やがて町人たちも消費する立場となる。町人（大衆）の文化はそういうところから生まれるのであるが、はじめは武士の模倣からスタートする。やがてそれらが独自の文化として花開くのだ。

武家の本膳では漆器が用いられていたが、江戸時代になって陶磁器が使われるようになったのも町人的な発想なのかもしれない。ちょっと大きな家には、本膳の道具なんていうものも揃えてあったそうだ。

《手紙無筆》という落語では、字の読めない男が手紙をもらい、その手紙をまた字の読めない兄貴に読んでもらおうとするというばかばかしい噺だが、手紙の内容というのが、おじさんの家で慶事があるので本膳の道具を貸してほしい、というものらしい。

ここでは本膳に用いる大皿、小皿、大平、猪口など、具体的な器の名称などが登場する。大皿、小皿は、刺身皿や焼き魚の皿、平とは煮しめ（肉、野菜、豆腐などを出汁と醤油で煮しめたもの）を入れる器で、猪口には和えものを入れる。平や猪口は二の膳、刺身皿などは三の膳で用いられる。器のひとつひとつにも細かな用法、作法がある。それが「本膳」なのだ。

しかし、本膳は残念なことに、明治以降はあまり用いられることがなくなった。近代以降は、格式ばった本膳よりも、慶事にはご陽気な宴会が好まれたということだろうか。「本膳」の作法を現在に伝えるものに、結婚式の「三々九度の盃(1)」がある。そういえば、三十年くらい前の結婚披露宴は日本料理で、本膳、二の膳、三の膳に、お土産用の焼き魚の余（与）の膳、デザートの砂糖菓子が入った五の膳、なんていうのが出ていた記憶がある。

結婚式での三々九度の神妙な面持ちの新郎新婦にしか、江戸時代の本膳料理の面影を見ることが出来ないのは、なんとも寂しい限りである。

（1）三々九度の盃…三つ組の杯で三度ずつ三回、酒杯を酌み交わすこと。三つの盃は天地人を意味し、三はめでたい陽数、九はその最高の数字で、めでたいことの頂点を意味する。祝言のほか、出陣や帰陣の際にも用いられた。

《本膳》

名主の家の婚礼で本膳が出されることになった。ところが、招待された村人たちは本膳なんて食べたことがない。そこで村の寺子屋の先生に上座に座ってもらい、先生の食べるのをまねて食べることにしようと相談がまとまる。ところが、先生がうっかりして里芋をとりそこなってしまった。里芋をとりそこなうのが作法だと勘違いした村人たちは全員、里芋を落としてしまう……。

田舎者を笑う軽いネタである。寄席などでたまに聞くことが出来る。

《手紙無筆》

字の読めない男のところへ手紙が来た。ふだんは先生に読んでもらうのだが、先生はあいにく不在。そこで兄貴分に読んでもらおうと兄貴分の家を訪ねるが、実は兄貴分も字が読めない。

昔は字の読めない人も多くいたので、落語のネタにはこと欠かなかった。しかし、実際の江戸では寺子屋などの初等教育が充実していたため、江戸っ子の識字率は世界一であったといわれる。寄席などでよく演じられている。

へ

べちょたれ雑炊

《七度狐《しちどぎつね》》

「べちょたれ雑炊」などという食べ物は、おそらく存在しないだろう。

《七度狐》など旅の噺に登場する。

旅人が道に迷い、日が暮れる。腹も減るが、そんなことよりもうっかり野宿なんていうことになったら、自分たちが狼の餌になりかねない。ようやく遠くに見える灯り。行ってみるとそこは寺だった。

僧侶よりふるまわれた食事が、べちょたれ雑炊。名前を聞いただけで食欲をなくすが、それでもおいしそうなにおいと空腹には勝てず、旅人は椀をとる。

椀を手に雑炊をかきこむ仕草が、落語家の腕のみせどころだ。空腹、早く腹を満たしたいので、決してうまくはない雑炊をかきこむ。しかし、雑炊の中にはいろいろな異物が入っている。それを微妙な仕草で見せていくのである。

「かたい、なんやこれは。すんませんが、この雑炊の中に入っている、かたくて、噛むと甘い汁の出る、この藁みたいなもんはなんですか?」

「ああ、それは藁ですな」

「藁? 冗談じゃない。おかしなもの入れんといてください。このなんですかな、口の中でジャリジャリいう土のようなものはいったいなんですか?」

「ああ、それは土です」

「ええええーっ、藁はともかく、なんだって土なんか雑炊の中に入れるんですか?」

「いやな、ちょっと味噌が足らんよってに、赤土を混ぜてみたんですがな」

藁食べて赤土を食べると、腹の中に壁が出来てしまう……。ほかにも、イモリやら蚌やらが出汁に入ったべちょたれ雑炊、いくら空腹とはいえ、食べられるものではない。

旅に出るといろいろな受難にあうのが常だ。上方落語《東の旅(1)》の発端に当たる《七度狐》では、たちの悪い狐のたたりで、旅人が七度も化かされる。

狐に化かされるのはご愛嬌。旅にはもっと恐ろしい、旅人のふところを狙うゴマのハイ(2)や、命までも奪う山賊、海賊の類も多く出た。

東の旅の目的は伊勢参りである。上方では「伊勢に七度、熊野に三度」といわれた。山岳信仰の熊野詣では三度でいいが、伊勢参りには七度は行かねばならぬものだった。江戸の人たちにも伊勢参りは人気で、「一生に一度はお伊勢様へ」といわれ、江戸っ子も東海道を上って伊勢を目ざした。

信仰というよりは、旅に出て日常からの解放を味わうのが目的の遊山旅でもある。当然、ふところには大枚の金子が用意され、所々の名物を食べ、地酒を飲み、宿場の女と一夜をともにするなんていうこともあったのだろう。

まさに大名旅行なわけだが、これが一度でも道に迷ったり、ゴマのハイに財布を盗まれたりしたら一大事。寺や農家に一夜の宿を借り、為替が利用出来るような大きな宿場まで難渋の旅をせねばならない。

農家に泊めてもらえても食べ物まではふるまってはもらえない。麦飯ならいいほう、それこそ稗や粟の代用食をわけてもらえれば運がいい。べちょたれ雑炊なら、たいへんなごちそうということだ。

いや、そういう苦難もまた旅の楽しさというものなのかもしれない。

（1）東の旅…上方落語の旅の噺で、伊勢参りに行く二人の男の珍道中を描く。《七度狐》《軽業見物》《矢橋舟》《三十石》などがある。

（2）ゴマのハイ…旅人の懐を狙う盗賊。語源は高野山の僧侶を装って、弘法大師の「護摩の灰」を押し売りしていた詐欺師。

《七度狐》

上方落語《東の旅》の一席。上方の気のあった二人が伊勢参りの旅に出る。道中、草むらの中に投げた丼がたまたま寝ていた狐の頭に当たる。この狐が一度難を受けると、七度化かして仕返しをする悪い狐。二人の旅人は七度の災難に遭う。桂米朝はじめ多くの落語家によって演じられている上方落語。

と

豆腐

《徂徠豆腐《そらいどうふ》》《甲府《こうふ》ィ》《鹿政談《しかせいだん》》《千早《ちはや》ふる》《寝床《ねどこ》》

「栄養があって、骨がなくて食べやすく、冷奴でよし湯豆腐によし、味噌汁の具にもなり、おまけに値段が安い」

元禄（一六八八～一七〇四）の儒学者、荻生《おぎゅう》徂徠《そらい》をしてそういわしめた豆腐。ホントにそんなことをいったかどうかはわからない。これは講談《徂徠豆腐》の話だが、徂徠がいわずとも豆腐は栄養たっぷりで食べやすく、値段も安い。

それこそ庶民の食卓から高級料理屋まで、豆腐はあらゆる料理で活躍する。肉食をあまりしなかった江戸の人たちにとっては、豆腐は貴重なたんぱく源でもあった。豆腐屋は朝の早い商売の定番。おかずをあまり食べない江戸の人でも味噌汁は口にしたわけで、朝の味噌汁の具に重宝だったに違いない。

荷を担いで売りに来る豆腐屋には独特の売り声があった。「とーふー」と声を伸ばす。なんとも味わい深いものである。《徂徠豆腐》の豆腐屋も店をかまえつつも、こうして町々を売り歩いた。

売り声が独特のサゲになっている《甲府ィ》という落語もある。気が短くて思い込みが激しく、それでいて情にもろい江戸っ子の豆腐屋と、まじめな田舎の青年とのふれあいを描く。朝が早くて、冷たい水仕事をするのが豆腐屋。一生懸命働く姿が印象的でもあるのだろう。

現代でもコンビニが出来る前は、夕方になると自転車に乗せて売りに来る豆腐屋さんをよく見かけた。私たちが知ってるのは、「とーふー」という売り声よりも、売り声の調子を模したラッパの音だ。

豆腐屋では豆腐以外のものも売っている。《徂徠豆腐》では、おからが出てくる。おからは豆腐の絞りかすであるが、野菜などを入れて炒めるとうまいのはご存じのとおり。世に出る前の荻生徂徠が空腹で困っているのを見かねた豆腐屋が、にぎり飯を作ってあげようというのを、

「にぎり飯をいただいてはほどこしを受けることになり乞食となる。商売ものの豆腐なら、いずれ世に出たおりお返し出来るから、豆腐をいただきたい」と、豆腐を冷奴でズルズル食べる荻生徂徠。そこで豆腐屋は「おからはいかがですか」とすすめる。

おからは《鹿政談》《千早ふる》にも登場する。おからというと絞りかすのイメージがあるが、そこを「卯の花」や「雪花菜」などと呼ぶのは日本語のおもしろさだ。「雪花菜」とは、包丁を入れなくても食べられるという意味である。

《寝床》に登場するのは、がんもどき。義太夫(1)好きの大家さんが長屋の者を集めて義太夫を語るというのを、長屋中が言い訳をして逃げるというおなじみの落語。なかで長屋の豆腐屋は急にがんもどきの大量注文があったといい、

「はすにごぼうにしその実なんてものが入りまして、はすは皮むきでむいて切っておけばよいのですが、ごぼうは皮が厚うございます。包丁でもってなでるようにし

ませんとうまく切れません。あくが出ますから、あく抜きをしないといけませんで、しその実もある時分はよろしいですが、ない時分には漬け物屋で買ってまいりまして塩出しをするんですが、この塩出しが難しい」

と、がんもどきの製造法で言い訳をする悪戦苦闘ぶり。

江戸っ子に愛された豆腐は現在でもさまざまな料理に活躍する。時代を超えて八面六臂の活躍を見せる食べ物なのだ。

（1）義太夫…音曲のひとつ。竹本義太夫が創始。人形浄瑠璃の伴奏曲として人気を集めた。太棹三味線を用い独特の節を聞かせる。江戸後期には人形を用いず語りのみの素浄瑠璃、年若い女性が語る娘義太夫も人気となった。

《徂徠豆腐》

儒者・荻生徂徠は若い頃、たいへん貧乏だった。空腹に耐えられなくなった徂徠は、豆腐屋を呼び止め毎日冷奴を食べたが、その勘定も払えない。人情味のある豆腐屋は、毎日卯の花を届けることを約束する。その年の暮れに火事が起き、豆腐屋の家は丸焼けに。しかし年明け早々、柳沢吉保に認められた徂徠が現れ、卯の花の礼にと豆腐屋の店を建て直す。情けは人のためならず、めぐりめぐりて己がため。

講談ネタだが、落語家で演じている人もいる。

《甲府ィ》

甲州から出てきた善吉という若者、スリに会い無一文になり、やむなく豆腐屋の店先で卯の花を盗んで食べる。事情を聞いた豆腐屋の主人は、「よかったらうちで働かないか」という。豆腐屋の主人は日蓮宗を信仰していて、甲州出身の善吉も江戸での成功を身延山に願を掛けてきたという日蓮宗の信者だった。これも祖師（日蓮上人）の引き合わせ。善吉は豆腐屋の奉公人となり、一生懸命働く……。

ほのぼの系の人情噺だが、サゲのばかばかしさで思わず笑いがこぼれる。

《鹿政談》

奈良では鹿を殺すと重罪になる。ある日、豆腐屋の店先で卯の花の桶に顔を突っ込んでいる犬がいた。主人が追っても逃げないので、やむなく薪を投げ付けると、犬は死んでしまう。だが、犬だと思ったのは実は鹿だった。豆腐屋の主人は鹿殺しの重罪で奉行所に捕らわれた。しかし、情けある奉行の裁きで、殺したのは犬であるということにして、豆腐屋は無罪に。

上方の落語。東京では六代目三遊亭圓生が演じていたが、今はあまり聞くことが出来ない。

《千早ふる》

長屋の先生のところへ八五郎が訪ねてくる。娘が百人一首に興味を持ち、在原業平の「千早ふる神世もきかず竜田川からくれないに水くくるとは」の意味を知りたいというのだ。実は先生、和歌は知っていても意味までは知らない。でも知らないとはいえないから、これを竜田川という相撲取りと千早太夫という花魁の話にして語りだす。

ものを知らない人が知ったかぶりの先生のもとへ話を聞きに行く落語は、「根問いもの」と呼ばれ、《やかん》《浮世根問》などがある。

《寝床》

ある長屋の大家さん、義太夫が大好きなのだが下手くそ。しかも大家さんは、長屋の連中や店の者たちに義太夫を聞いてもらいたくてしょうがない。長屋の連中は全員「用がある」と嘘をいい、店のものは仮病を使い、家族までもが逃げ出したため、大家さんは激怒する。現代でも、カラオケなどで芸自慢の上司に悩まされるサラリーマンはいるはずだ。

八代目桂文楽、五代目古今亭志ん生、六代目三遊亭圓生など、いずれも名演をＣＤなどで聞くことが出来る。

お江戸こぼればなし　壱

芋屋

芋屋が登場したのは文化・文政の頃。長屋の木戸口にある番小屋で番太郎がアルバイトで芋を売った。

番太郎とは、番小屋に住んで、不審者が出入りしないように見張るのが仕事。火の用心や、長屋の雑用も頼まれればやる。高齢者だったり、失業者が仕方なくやるような職業。大家さんからは小額の給料をもらっているが、それだけでは生活が苦しいので、長屋の雑用をやってもらえる駄賃が貴重な収入。他に内職仕事をしている者もいる。

そんな番太郎が、番小屋で子供相手に芋を売った。これはかなりいいアルバイトだったろう。

落語では《大工調べ》の大家が芋屋だった。先代の大家が芋屋で、川越の本場から芋を仕入れて売って評判がよかったが、大家が死んで、大家の女房と一緒になったのが番太郎上がりの今の大家。「どこの芋だかわからない芋」で薪をケチって生焼けの芋を売ったから、腹を壊した人がずいぶんいた。

ちりとてちん

《ちりとてちん》

「ナマコを最初に食べた奴は偉い！」などとよくいう。

見た目が悪いのにうまいもの、これは食べられないだろうと思うようなものが実は最高の食材であったりする。いわゆる「珍味」と呼ばれるものだ。俗に世界の三大珍味といわれているのが、キャビア、トリュフ、フォアグラ。キャビアはチョウザメの卵の塩漬け。トリュフはキノコで、犬や豚の臭覚で採集する。フォアグラはガチョウの肥大した肝臓。どれも希少な高級食材である。

日本の三大珍味と呼ばれるものは、雲丹、海鼠腸《このわた》、からすみ。海鼠腸はナマコの腸の塩辛、からすみはボラの卵巣の塩漬けである。どれも食べてみればうまいが、知らないで口にするのは勇気がいるものばかりだ。

こうしてあげてみると、珍味とゲテモノの違いはどこにあるのだろうかと考えてしまう。うまければ珍味なのかとも思うが、うまい・まずいは食べる人の感覚によって異なる。トリュフなどはそれ自体がうまいわけではなかろう。料理方法とも関係してくるようだ。値段が高ければ珍味で、安ければゲテモノという考えが成り立つかもしれない。

味覚には「甘い」「辛い」「苦い」「すっぱい」などがあり、それぞれの「うまさ」が成り立つわけだが、世の中にはそうした味わいとはまた異なる、現代の言葉でいう「ウマ気持ち悪い」味覚というのも存在するのであろう。ゲテモノを突き詰めたところに、珍味という世界があるのかもしれない。

落語の中にも珍味が登場する。《ちりとてちん》という落語だ。

季節は夏。豆腐の腐ったのが出てきた。色も変わって異臭を放っている。旦那がちょっとしたいたずらを思い付く。ふだんから世辞のひとつもいわない、知ったかぶりで皮肉屋の偏屈な男が近所にいる。こいつをだまして、これを食わせてみようというのだ。

豆腐の腐ったのに唐辛子を混ぜ、それを瓶詰めにして、台湾名産の珍味「ちりとてちん」と名づける。「ちりとてちん」なんていう食べ物は存在しないが、知ったかぶり男をだますには「珍しい」を強調し、「あなたなら知ってると思うけど……」といって自尊心をくすぐれば一発だ。

案の定、男は刺身を食べては「腐っても鯛」だとか、冷めた天ぷらはまずいだとか、ほかの料理にケチを付けはじめる。

「これなら、もしかしたら、あなたのお口に合うかもしれない」

と、旦那はおもむろに「ちりとてちん」を登場させる。

豆腐が腐って青味がかったところへ赤い唐辛子。赤黄青と、うまく彩りを付けて、みごとな珍味を作りだしたものである。

味はどうなのだろうか。豆腐のとろ味と発酵したチーズのような粘り気もあり、腐った酸味、唐辛子の辛味に、多少の苦味も加わった、すっぱくて辛くて苦い、なんともいえぬ味であろう。

ちりとてちんは、もしかしたら名だたる珍味の仲間入りが出来たかもしれない。食べて体調さえ壊さなければの話だが。

《ちりとてちん》

予定の来客が急に来なくなり、用意したごちそうの処理に困った旦那は、出入りの男を呼び食べてもらう。この男が世辞がうまいので旦那も気をよくするのだが、もう一人、出入りの男で偏屈な奴がいたことを思いだす。豆腐をしまったままにしていたことに気づくと、案の定、豆腐は腐って異臭を放っている。旦那はいたずら心が起き、腐った豆腐を台湾名物の「ちりとてちん」なる珍味と偽り、偏屈男に食べさせようと考える。

五代目柳家小さんが演じていた。

り 利休饅頭
《茶《ちゃ》の湯《ゆ》》

落語に出てくる食べられない料理の、東の大関が「ちりとてちん」なら、西の大関は「利休饅頭」であろう。

《茶の湯》という落語に登場する。

若いうちから働くことしか知らない男が、齢をとって根岸に隠居した。趣味など、なんにもない。というか、働くこと以外知らないのだ。にぎやかな蔵前から根岸の里に引っ越したので、まわりは寂しい。話し相手は、身の回りの世話をする小僧が一人いるきり。毎日退屈でしょうがない。

たまたま隠居所の以前の住人が茶人だったところから、家には茶道具がある。なら、茶の湯でも始めてみようかということになった。もちろん、ご隠居は茶の湯の作法なんて知らない。作法はおろか、「茶の湯」がなんであるかも知らないのだ。誰かに習えばいいものを、何ごとも自己流でやろうとするのが失敗のもとである。

小僧に聞かれて、「知らない」とはいえない。確か茶碗の中に青い粉を入れたはずだ、なんだろう。そうだ、青黄粉だ。しかし、茶せんでかき回しても泡が立たない。どうしよう。泡の立つものはないか……。そうだ、椋の皮だ。椋の木の皮は当時、洗濯石鹸の代わりに使われていた。これを湯の中に入れたら泡が立つのは当たり前だ。

これを客に飲ませるのだから、飲まされるほうはたまらない。客の中には茶の湯の心得のある人もいたろうが、ご隠居のプライドを傷付けちゃいけないと誰も教えないから始末が悪い。

客の唯一の楽しみは、茶の湯の菓子だ。お茶は我慢して飲んで、用意されている高級菓子をぱくぱく食べて帰っていく。なかには、羊羹を五、六本失敬していく奴もいる。もともと金銭の出納にはうるさいご隠居、これはいかんと自分で安い菓子をこしらえようと考える。

薩摩芋を買って来てすり鉢へ入れ、すりこぎで黒蜜と砂糖を混ぜ入れて、油を塗った猪口で丸くこしらえる。見た目は油と黒蜜でテカテカ光ってうまそうだが、こんなものは食えたものじゃない。これに「利休饅頭」とブランド名まで付けて客に出す。お茶に驚き、口直しにと利休饅頭を口にした客の驚くまいことか。はたして、この客の運命はいかに。

茶の湯とは抹茶を点てて客をもてなす儀式。茶碗に入れる青い粉は抹茶で、間違っても青黄粉ではない。

お茶が飲まれはじめたのは、中国は漢の時代。茶の葉を臼で引いた抹茶が一般に飲まれるようになったのは宋の時代で、日本には栄西《えいさい》が禅宗と一緒にもたらしたといわれている。室町時代に公家や武家の上流階級で発展し、安土桃山時代の千利休《せんのりきゅう》が今日の茶の湯のもとを創造した。

基本は茶でもって客をもてなす。だが、それだけでなく、茶器を鑑賞したり、茶室や庭に凝ったり、茶菓子や懐石料理を楽しむなど、工芸や建築、食文化など、おおいに広がりをみせていった。

作法とは茶を楽しむためのマナーであり、そうしたところから、ほかの文化的な趣味も楽しむことが出来るのだ。自己流はある意味で個性の表現ではあるが、最低限の作法を踏襲せねば文化的な楽しみを味わうことは難しい。

《茶の湯》

蔵前の物持ちが根岸の里に隠居したが、毎日が退屈でしょうがない。話し相手は小僧が一人。前の住人が茶人らしく、茶の湯の道具が置いてあったので茶の湯をやろうと思うが、働くだけで趣味のなかった隠居は茶の湯の作法を知らない。だが小僧の手前、知らないといえないからあれこれ思案し、でたらめな茶の湯を始める。呼ばれた客が災難だ。茶道の心得のある客もいるが、隠居を気づかって誰も注意をしない。

三代目三遊亭金馬らが得意にしていた爆笑落語。

ぬ ぬくい造り

《猫忠《ねこただ》》

「造り」とは刺身のこと。刺身が温いとは、はて面妖な。

答えは《猫忠》、猫の忠信という上方落語のなかにある。この噺は明治時代に東京にも伝えられ、六代目三遊亭圓生《さんゆうていえんしょう》(1)らも演じていたが、やはり上方の色が強い。

舞台は義太夫の稽古屋。江戸時代も中期以降になり経済が安定してくると、次に庶民が求めるのは文化的生活だ。俳句などの文学、浄瑠璃や歌舞伎、舞踊などの芸能がおおいに流行し、自分でひねってみよう、一節歌ってみようじゃないかという連中が現れ、それらを教える稽古屋が町々に登場する。

もっとも、落語に出てくるような連中は、文化的生活とはやや動機が異なる。歌の一節も覚えて女の子にもてたい。そういう目的意識があってのことだ。また、稽古屋の師匠には女性が多くいた。そのお師匠さんとあわよくば……、などという願望を抱いて稽古屋通いをするような男たちも多くいた。《稽古屋《けいこや》》《汲《く》みたて》《真景累ヶ淵《しんけいかさねがふち》～豊志賀《とよしが》》なんていうのは、そんな稽古屋が舞台の落語だが、《猫忠》もまさにそれ。

駿河屋の次郎吉が友達の亀屋の六兵衛から、稽古屋の師匠のお静さんと吉野屋の常吉がいい仲であると告げられる。お静さんに岡惚れ（他人の好きな人などに、わきからひそかに恋すること）して稽古屋通いをしている次郎吉はおもしろくない。ホントのことかと問いただしたとき、六兵衛が見た、お静さんと常吉のラブラブな様子が、「ぬくい造り」の関係なのだ。

「なんや、造りなんちゅうのは冷たいもんや。ぬくい造りなんちゅうもんがあるか」

「それがな、ありまんがな」

さてさて、ぬくい造りとは？　お静さんと常吉が二人きりで酒を飲んでいる。肴は造りが一人前。これをお静さんが常吉の口へ、醤油を付けて食べさせてあげる。ここまでは普通だ。そのあと、常吉が自分の口からお静さんの口へと口移し、そうやって一人前の造りを二人で食べあっている。

冷たい造りが、口の中で温うなって相手の口へ。すごいこと考えるね。咀嚼した食べ物の口移しは、男女の間でも愛情表現としてはままあるが、それを「ぬくい造り」と表現するところがなんともナマナマしく、上方落語っぽくてよろしい。他を寄せ付けない愛情表現といっていい。

これを聞いて、汚いと思うか、うらやましいと思うか、こん畜生と思うか、ばかばかしいと思うか、それは個人の見解次第。だいたいにおいて、男と女の仲なんて、はたから見ればばかばかしいもので、でもばかばかしいことが平気で出来るのがうらやましい、というのが大多数の感じるところではないか。

噺は常吉の女房も巻き込み、すわ大騒動となるところ、実はお静さんと「ぬくい造り」の関係にあったのは、お静さんの三味線の皮にされた母親を慕ってやって来た猫が常吉に化けてのことだったという話で、これがすべて「義経千本桜《よしつねせんぼんざくら》」のパロディになっている。吉野屋常吉で義経、お静さんは静御前《しずかごぜん》、駿河屋次郎吉が駿河次郎《するがじろう》（義経四天王）、亀屋六兵衛が亀井六郎《かめいろくろう》（義経四天王）、それに、狐忠信（2）ならぬ猫の忠信という。

さて、ぬくい造りだが、食べてみたいか、パートナーに食べさせたいか、あなたはどっちだろう？

（1）六代目三遊亭圓生…明治三十三（一九〇〇）年～昭和五十四（一九七九）年。昭和の名人といわれた落語家。子供の頃より豆義太夫として寄席の高座に出演、やがて落語家に転身。四十一年に六代目三遊亭圓生を襲名。六五年に落語協会会長就任。七八年、大量真打問題を機に落語協会を脱会し三遊協会を設立するも、翌年死去。ネタ数の多さ、緻密な人物描写など卓越した技の魅力は他の追随を許さない名人芸だった。

（2）狐忠信…「義経千本桜」は竹田出雲らの合作による浄瑠璃。義経伝説と平家の哀史を題材にした作品。狐忠信は「義経千本桜」のうちの話。静御前が所持する初音の鼓の皮にされた狐の子が母を慕い、義経の家来の佐藤忠信に化けて静御前に近づくという物語。

《猫忠》

稽古屋の師匠お静と、吉野屋の常吉がいい仲だと聞かされた駿河屋の次郎吉。お静の家に行きのぞいて見るに、お静と常吉がいちゃいちゃしている最中。お静に岡惚れしている次郎吉は怒り心頭。二人の仲を常吉の女房に告げに家へ行くと、家には常吉がいる。はて常吉が二人？　そんな馬鹿な話はない。今度は常吉を連れてお静の家へ行ってみるに……。

義太夫「義経千本桜」の人名を借りたユニークな一席。上方ネタ。東京では、六代目三遊亭圓生が演じていた。

る　留守宅の食卓

《穴泥《あなどろ》》《出来心《できごころ》》《転宅《てんたく》》

落語にはよく泥棒が出てくる。

大盗賊はまず出てこない。《お血脈《けちみゃく》》で石川五右衛門《いしかわごえもん》が出てくるくらいで、あとはたいてい間抜けな泥棒だ。それも大間抜けが多い。まあ落語だから、間抜けでないと始まらない。私が一番間抜けだと思うのは、泥棒に入った家の食卓のものを食べているうちに家人に見つかる……、これに極まると思う。しかも、泥棒に入られる留守宅の食卓には、結構な料理が並べられていることがままある。

いくつか紹介しよう。まずは《穴泥》。これは厳密には泥棒を職業としている者の噺ではない。金に困り借金の当てを探し、夜の町を彷徨している男がいた。ある大店の裏木戸が開いている。ここの家で祝事の宴会があり、奉公人の何人かが酒が飲み足りないと町へ繰り出し、戸締りをしていなかったようだ。はじめは無用心を教えてあげようという親切心。しかし一方で、金がいる。目の前には木戸の開いている大店……。男の出来心に火が付いてしまう。「貧の盗みの出来心」と、八代目林家正蔵《はやしやしょうぞう》（彦六《ひころく》[1]）は表現している。

家に入ると、そこは宴の後。男もさんざん歩いて腹が減っているから、まず甘煮の八ッ頭（里芋の一種）を口に放り込んで、

「あー、うまいねえ。どうやらこれで一心持ちついたってぇやつだよ。この蛸なんざぁ、うまいねえ。……、うっ。噛まないで呑んじまったから、うまいかまずいかわからねえが、こんなに食い物があるのはありがてえなぁ」

のん気な奴だ。そのうちに、

「おっ、ここに徳利があるよ。がばがば音がしている。えっ？　こんなに余しちまいやがって、もってえねぇ。ここにお椀があらぁ。ここに酒を入れて。あー、うまい」

この男、何がいけないって酒に目がなかった。酒の残っている徳利は一本や二本じゃない。金がなくて酒なんか滅多に飲めない男には、酒が残っているということがうらやましく思えたろう。肴は残り物だが食べ放題、酒もふんだん。やがて酔いがまわってきて、そこへこの店の赤ん坊が出てきて、赤ん坊をあやすうちに土間の穴蔵へころがり落ちる。まあ泥棒というよりは、不法侵入プラスつまみ食い程度の犯罪だが、プロの泥棒となると、もう少し格が上だ。

《出来心》は空き巣の見習い。親分から「お前は落ち着けば一人前」といわれ、入った家で長火鉢の前に座り、まず煙草を一服。菓子盆の中には羊羹。これを手に取り口に入れた途端、「誰か下にいるのか」、家人は留守でなく二階にいたのだ。

最後に本格的な泥棒が登場する噺を紹介しよう。《転宅《てんたく》》の泥棒は、鼬小僧のさいご兵衛と二つ名を持つ。ターゲットは見越しの松に黒板塀(2)のご妾宅だ。お妾さんが旦那を送り出す、そのすきに部屋へ上がり込む。さっきまで旦那が飲み食いしていたであろう、酒肴がそのままに。しめしめとやっているところへ、お妾さんが戻って来る。あわてて食べたものを喉につまらす泥棒。

「や、や、やい、静かにしろい」

今さら凄んだって、あとの祭りだ。女ながらに度胸のあるお妾さんに手玉に取られちまう。そこで教訓。泥棒をするときには、目的のお宝以外のものには手を付けちゃいけない。

（1）八代目林家正蔵（彦六）…明治二十八（一八九五）年～昭和五十七（一九八二）年。落語家。昭和二十五（一九五〇）年に八代目林家正蔵を襲名。怪談噺、人情噺、芝居噺を得意とした。稲荷町の長屋に住んでいたところから、「稲荷町の師匠」と呼ばれた。昭和五十六（一九八一）年正蔵の名を返上し、「彦六」を名乗った。頑固一徹なイメージから、没後もエピソードなどが高座でつづられ、今日でも伝説の落語家の一人として親しまれている。

（2）見越しの松に黒板塀…お妾さんの家はおおむねこうした風情であったところから、妾宅をこう総称した。春日八郎の歌謡曲「お富さん」で有名なフレーズになった。

《穴泥》

金がなくて金策に夜の町を徘徊する男、しかし金策はままならず。ある大店の裏口が開いていた。たぶん、奉公人が隠れて遊びに行ったときに閉め忘れたのだ。

教えてやろうと声をかけるが、誰も出てこない。男に出来心が起こり、店に入る。そこは宴のあと。男は残った料理を食べ、酒を飲む。酔った男はうっかり土間に掘られた穴倉に転落してしまう……。

八代目林家正蔵（彦六）、五代目柳家小さんらが演じていた。

《出来心》

何をやってもダメな間抜けな泥棒が、親分から空き巣の極意を教わって出かける。しかし、何をやっても失敗ばかり……。

《夏泥》《もぐら泥》《転宅》《釜泥》と、落語には泥棒ネタが多くあるが、どれも主人公は間抜けな泥棒ばかりだ。

犯罪までも笑いのめすのが落語のたくましさでもある。寄席などでよく演じられている。

《転宅》

お妾さんの家に泥棒に入る「鼬小僧のさいご兵衛」と二つ名を持つ男。しかし、これが間抜けな泥棒で、お妾さんに色仕掛けでまんまとだまされ、夫婦になる約束をし、財布まで取られてしまう。翌日、泥棒は約束の時刻にやってくるが、どこの世界に泥棒と夫婦になる女などいるものか。お妾さんはとっくに引っ越したあとだった。引っ越しのことを転宅という。

お妾さんの元の職業が義太夫語りという落ちが、現在ではわかりにくいかもしれない。寄席でたまに演じられている。

を

折詰《お(を)り》

《つるつる》《鰻《うなぎ》の幇間《たいこ》》《王子《おうじ》の狐《きつね》》

昭和四十年代くらいまでの酔っ払いのお父さんは、必ずお土産の折詰を持っていた。持っていたよね。

酔っ払いの定番スタイルが、赤い顔に千鳥足、そしてお土産の折詰だ。高度経済成長時代のサラリーマンが接待の帰路で持たされた折詰なのか、それとも、この頃の流行語でもある「マイホームパパ」が家で待つ家族のために買ったお土産なのかは知らないが、とにかく酔っ払いのお父さんは折詰を持っていた。

いつ頃から、お父さんは折詰を持たなくなったのか？　昭和六十年代のバブル崩壊で接待もセコくなり、お土産にまで手がまわらなくなったためか。いいや、昭和五十年代にはもう持っていなかったような気がするな。

たぶん、漫画やドリフターズのコントで、赤い顔に千鳥足、お土産の折詰という酔っ払いお父さんの定番スタイルをあまりにコミカルに描きすぎたため、お父さんたちが折詰を持つのを格好悪いと思うようになったのではないかと推測される。

では、お土産の折詰はいつ頃から登場したのか。きっと「料理屋」というものが出来たと同時に、テイクアウトの折詰持ち帰りが行われていたであろう。

《本膳《ほんぜん》》の項でも紹介した余（与）の膳、五の膳はお土産用に出された料理であり、それを風呂敷に包んだり、あるいは折詰にして持たせてくれたのだ。

《つるつる》という落語では、いやがる幇間《たいこもち》(1)の一八に無理やり酒を飲ませる旦那が登場するが、この旦那の旦那らしい気遣いが出てくる。さりげなく一八に折詰を持たせる場面だ。八代目 桂文楽《かつらぶんらく》(2)演じる一八はこの折詰のことを「おみおり」という。おみおりはお土産の折詰の略であろうが、なんとも粋な響きだ。

酔った一八は電柱に折詰をぶつけて、中身を落として紐だけ持って家に帰る。折詰を下げた酔っ払いのコントの原点のようなものは、落語の中にしっかり登場するのである。

《鰻の幇間》という落語は間抜けな幇間の噺だ。鰻屋の二階へ旦那とおぼしき男に連れられて行ったはいいが、いざお勘定というときに客の姿はすでになく、仕方なく勘定を払わされる幇間。しかも請求書は予想以上に高額だ。

「高いよ、あの鰻がこのお勘定では！」

「でも、お連れの方がお土産に三人前お持ちになりました」

幇間をだました男のお土産の折の中身は鰻というわけだ。間抜けな幇間のおかげで、男の家族は夕食に鰻が食べられただろう。

だます落語では、王子稲荷に参詣に行った男が、女に化けた狐をだますのが《王子の狐》。王子にある老舗の料理屋「扇屋」に上がった男は狐を置き去りにして、名物の卵焼きをお土産にして帰る。ちなみに「扇屋」は三百六十年続く老舗の割烹で、厚焼き卵は時々テレビのグルメ番組でも紹介されている。

狐をだました男は翌日、稲荷神社の裏の狐の穴に詫びに行く。この時は、牡丹餅の折詰を狐の土産に持参する。

魚や煮物、卵焼き、お菓子など、お土産の折詰の中にはいろいろなものが入っていた。そしてもうひとつ……。お父さん一人だけでおいしいものを食べてるんじゃない。家族にもちゃんと分けてあげたい。折詰の中には、そんな家族への愛情がぎっしりと詰まっていたのだ。

（1）幇間…座敷のとりもちをする男性の芸人。男芸者。宴席を仕切る幹事役から、場のとりもち、遊山などの供と、客と密接で重要な役割を担った。《鰻の幇間》《たいこ腹》《愛宕山》《つるつる》など、落語には幇間を主人公にしたネタが多い。

（2）八代目桂文楽…明治二十五（一八九二）年～昭和四十六（一九七一）年。落語家。大正九（一九二〇）年、八代目桂文楽を襲名。ネタ数は少ないが、洗練された至極の芸を聞かせ、人気を博した。五代目古今亭志ん生とともに戦後落語黄金期の一翼を担った名人。《明烏》などを得意とした。

《つるつる》

幇間の一八が芸者に愛を告白する。芸者は本気で夫婦になる気があるなら、一八の気持ちを受け入れてもいいというが、一八が酒にだらしがないことを知っていて、今日の座敷で酒を飲まずに帰って来て、夜中に部屋を訪ねて来るようにいう。一八は浮かれてお座敷へ。一八をよんだ旦那は、それを知っていて無理やり一八に酒を飲ませる。幇間の悲哀をばかばかしくつづる一席。八代目桂文楽の独壇場だった落語。

《鰻の幇間》

仕事にあぶれて困っている幇間の一八、たまたま見かけた男にとりあえず声をかけてみる。どこかで見たことがある男だ。相手もこっちを知っているようで「師匠」というから、たぶん客には違いないが、どこで会った誰なのかが思い出せない。思い出せないまま、男に誘われ鰻屋の二階へ行く一八。はたして男は何者なのか。
　八代目桂文楽、五代目古今亭志ん生、それぞれの形やクスグリが継承されている。幇間が鰻に付いて語る件はどの演者も圧巻。

《王子の狐》
　江戸っ子は稲荷信仰をしている人が多く、二月の初午には必ず稲荷神社に参る。初午に王子稲荷に行かなかった男が翌日行ってみるに、閑散とした参道で狐が美女に化けるのを見てしまう。いたずら心を起こした男は、化かされる前に化かしてやれと美女に声をかけ、近くの料亭扇屋に連れて行き、酒を飲ませて狐の美女が寝ている間に、土産の卵焼きを持って勘定を払わず逃げる。
　八代目春風亭柳枝、十代目金原亭馬生らが得意としていたほのぼの民話風落語。

お江戸こぼればなし　弐

豆腐屋

豆腐屋は朝の早い商売の代表だ。というのも、豆腐は製造に時間も掛かった。また、朝食の味噌汁の具に豆腐を用いる家庭も多かったから、早くに起きて作り、早くに売り歩いた。

豆腐屋はただ販売するだけでなく、豆腐の製造から行っていたから、商人であると同時に職人でもあった。

豆腐屋の出て来る落語はたくさんある。朝早い商売という意味では《鹿政談》、早くに起きて仕事をしていたら、鹿が卯の花を食べていたので、割り木を投げて追おうとしたのを誤って殺してしまい事件となる。

《伽羅の下駄》の豆腐屋も早くに起きていたために、仙台の伊達候の事件とかかわりになる。《千早ふる》の豆腐屋になった竜田川が運命の女、千早と出会うのも早朝だ。

早起きは勤勉の証し、というイメージがある。《甲府ィ》の豆腐屋は勤勉さが認められて豆腐屋の婿になった。

作るのは豆腐だけでなく《寝床》の豆腐屋はがんもどきを作るのに忙しいから、義太夫を聞きに行かれない。豆腐屋はタイヘンな仕事である。

わ

藁筒納豆

《［浪曲］納豆幽霊《なっとうゆうれい》》《納豆屋《なっとうや》》

今も食卓で親しまれているおかずのひとつに、納豆がある。

納豆の歴史は古い。

平安時代の後期、後三年の役で、源《みなもとの》義家《よしいえ》が奥州を攻めたおり、保存食料として大豆を藁にくるんで馬の背に載せて運んだが、これが馬の体温で発酵してしまったというのが納豆の起こりといわれている。秋田県仙北郡には「納豆発祥の地」の碑まである。

ほかにも、文禄・慶長の役のとき加藤清正《かとうきよまさ》がもたらしたという説もある。って、ずいぶん年代が違うじゃないか。要するに、納豆の歴史の本当のところはよくわかっていないということだ。ただ伝説はあちこちにある。納豆は関西地方になく、関東と九州で食されているから、源義家や加藤清正を起源とするような伝説が生まれたのだろう。

さて、江戸時代から庶民の食料として親しまれた納豆だが、値段はきわめて安価。物価の変動にも動じず、だいたい一藁が四文で売られていた。今日のように、ご飯にかけて食べることもあったが、だいたいは引き割りにして味噌汁に入れて食べたそうだ。それだと一藁で家族全員のおかずになる。貧乏人にはうれしいおかずだ。

浪曲(1)で《納豆幽霊》というのがある。あるというか、平成十五（二〇〇三）年に私がこしらえた。

江戸中後期の田沼時代にバブルで踊った商家の番頭、佐七《さしち》。緊縮政策の寛政の時代になると、職を失い裏長屋住まいになる。そこに現れたのが納豆幽霊だ。藁にくるまって異臭を放ち、さわるとネバネバするという、なんとも気味の悪い幽霊である。納豆幽霊は、納豆売りの長助《ちょうすけ》が風邪をこじらせて死に、納豆売りの後釜探しで出てきたのだという。暇つぶしに納豆売りになる佐七は、ひとつ四文の納豆を分けあって食う貧しい家族を見て、慎ましくもまっとうに生きることの大切さを知る。

立身出世をもって大団円（めでたく話が終わる最後の場面）とするのが明治時代に流行した浪曲の鉄則。勤勉こそが出世の道、己を富ませて国を富ませる。浪曲は富国強兵の後押しをしたわけだが、私はあえて佐七は出世せず納豆売りとして人生をまっとうする筋立てにした（なんて良心的な話だろう）。

「早起きは三文の得」という諺は、早起きをするとよいことがあるという意味だが、へんくつな人にいわせると、「早起きなんかしたって、納豆程度の儲けもない」という意味だという。拝金主義をよかれとするのは平成の小泉改革以降のことではなく、実は明治の富国強兵の頃もそうであったようだ。

安価な食べ物の代表のようにいわれている納豆だが、その栄養たるやものすごい。ビタミン、ミネラル、食物繊維がたっぷり。最近では、美肌効果もあるので、女性にも人気だ。二日酔いにも効果があるそうだ。

納豆が出てくる落語に、有崎勉《ありさきつとむ》（柳家金語楼《やなぎやきんごろう》(2)）作の新作落語《納豆屋》がある。納豆を三度三度食べさせられた青年がからだに異常をきたし、起きてはいられないと藁にくるまって寝ている……。いや、いくら食ったたって納豆は健康にこそよかれ、おかしくなることはないのだが、そこは落語。ネバネバ糸引き悪臭といった、納豆ならではの特徴を巧みに笑いに結び付ける。

納豆売り（フリーター）と居候の青年（ニート）の問題も描かれるかのような不思議なおもしろさを含んでいる落語だが、最近ではあまり聞かれないのがもったいない。

（1）浪曲…芸能のひとつ。説経節やあほだら経などを起源とし、幕末に大道芸として演じられた。節とセリフで物語をつづる。明治初年に寄席の高座に上がるようになり、明治後期には桃中軒雲右衛門が大劇場で口演する芸として確立させた。大正、昭和になるとSPレコードやラジオで一世風靡、全国的な芸能として人気を博した。広沢虎造「森の石松」、寿々木米若「佐渡情話」などは誰もが口ずさんだ名作である。戦後も民放ラジオで人気だったが、昭和三十年代以降は衰退の道をたどっている。

（2）柳家金語楼…明治三十四（一九〇一）年～昭和四十七（一九七二）年。落語家、喜劇役者、タレント。軍隊経験をネタにした新作落語《落語家の兵隊》で人気を博す。俳優としても活動。映画などに多数出演、エノケン、ロッパとともに三大喜劇スターと呼ばれた。テレビ時代には「ジェスチャー」（NHK）などの人気番組にも出演した。有崎勉のペンネームで新作落語も多数。代表作は《嫁とり》《きゃいのう》《くず湯》など。

《［浪曲］**納豆幽霊**》

田沼時代のバブルに踊った佐七は、緊縮財政の時代になるとお店を解雇されて裏長屋住まいになってしまう。ふてくされて寝ていると、そこへ納豆の幽霊が現れる。この幽霊、元の住人の納豆売りの長助、自分が死んだ後の納豆売りを探して出てきたというのだ。暇つぶしで納豆売りになる佐七。納豆を売り歩くうちに、一本四文の納豆を分けあって生きている庶民の暮らしにふれ、心を入れ替えて納豆売りとして生きていく決意をする。稲田和浩作。

《納豆屋》

納豆売りが訪ねた家の主人は、まじめに働く納豆売りに感心し、毎日納豆を買ってくれる。そこの家には、働かずに家でぶらぶらしている居候がいた。主人は納豆売りの爪の垢を煎じて飲む代わりに納豆を食べろといい、毎日毎日三度三度、居候に納豆を食べさせる。毎日納豆を食べた居候はからだに変調をきたしてくる……。

有崎勉（柳家金語楼）作の新作落語。ナンセンスな爆笑ネタだが、現在では演じる人がいないのが寂しい。

か

かぼちゃ

《厩火事《うまやかじ》》

《厩火事》という落語がある。

働かない亭主、髪結いで稼ぎのある女房、この二人のある日の夫婦げんかを描く一席だ。二人の微妙な関係や女房の心理が、いろいろな状況に応じて変化していくおもしろさがある。

さて、この二人の夫婦げんかの原因は何か。女房に稼ぎがあって、亭主が遊んでいる。このゆがんだ関係が根底にあることは確かである。

女房は亭主に惚れている。


「稼ぎがない亭主のどこがいいの？」

「だって。夜、寒いんだもの」

とは五代目古今亭志ん生《ここんていしんしょう》(1)の有名な小噺。いや、それとは別の話ね。

兄貴の家でぶらぶらしていたのが亭主だ。その男に髪結いの女が惚れた。よせという兄貴の注意も聞かずに、一緒になった。女が男に惚れちゃった場合は、とことん尽くしまくっちゃうのである。今の世でも同じで、男にだまされて貢いだ女の事件が、後を絶たないのはご承知のとおり。一方の男は……。まぁ、それがこの落語のテーマであるかというには及ばぬ。

それより、夫婦げんかの原因だ。これが実にくだらない。

女房が亭主に、「かぼちゃを煮てあげる」といった。ところが、女房は髪結い。働いている身である。急な仕事が入り、亭主にかぼちゃを煮てあげる時間がなくなった。それに対して亭主が怒ったというのである。

一人前の男がたかがかぼちゃで怒り、怒られたことに女房が腹を立てる。要するに、この二人は子供なのである。

かぼちゃはおかずというより、前に述べた「芋」同様、おやつ、デザートの類といってもよい代物。甘くてホクホクしておいしいので、野菜というより果物に近い気がする。今はパンプキンケーキなんていう菓子もあるが、あの甘味は江戸時代では貴重なものだったろう。

かぼちゃの語源はカンボジア。一六世紀頃に同国から伝わったからだといわれる。またの名前を唐茄子《とうなす》。この野菜が伝わった江戸初期には、外国のことを全部ひっくるめて「唐《から》」といった。外国人は中国人もオランダ人も唐人《とうじん》だし、外国の流行ものは音楽でも装飾品でも、唐物《からもの》と呼ばれた。

昔から、冬至にかぼちゃを食べると風邪をひかないといわれる。夏の野菜であるかぼちゃだが、あの厚くて堅い皮があるので保存がきくのだ。冬場は野菜不足になりがち、そんなときに保存のきくかぼちゃが貴重な野菜補給源になったのだろう。

落語《厩火事》の場面が夏場か冬場かはわからないが、女房は「かぼちゃを煮る」といったのに、煮ることが出来なかった。つまり、おかずがもとで夫婦げんかになったのである。

働く能力があるのに女房に頼って働かない、この男は子供以外のなにものでもない。そしてそんな男にかいがいしく、おやつの用意をする女房。ある意味で、母親役の世話女房なのだが、ただ甘やかすだけのダメ女房でもある。

でも、しょうがないか、男に惚れ抜いてるんだから。馬鹿だね。馬鹿な女はかわいい？

そういうもんか⁉

（1）五代目古今亭志ん生…明治二十三（一八九〇）年〜昭和四十八（一九七三）年。落語家。なめくじの出るような長屋に住んだり、借金取りをごまかすために何度も改名するような極貧生活を経て、昭和十四（一九三九）年に五代目古今亭志ん生を襲名。五十歳過ぎから、破天荒な人生模様が芸風に表れ、天性のおもしろさで人気を博した。演目数も多く、実は努力家であったという説もある。長男は十代目金原亭馬生、次男は故古今亭志ん朝。

《厩火事》

髪結いのお咲は稼ぎがあるので、亭主は働かずに家でぶらぶらしている。今日もささいなことで夫婦げんか。お咲は仲人のところへ飛んでいく。「あんな亭主とは別れろ」という仲人に、「でもやさしいときもあるんですよ」。亭主に惚れているのだ。

仲人は、亭主がホントに真心があるのかどうか、中国の孔子の話と、真心がないある殿様の話を例に、亭主を試してみるようにという。夫婦をテーマにした落語の代表。

寄席やホール落語でよく演じられている。

よ

羊羹

《小言幸兵衛《こごとこうべえ》》

他人の家へ行くと、お茶と一緒に羊羹が出てくる。

落語でも、八つぁんがご隠居さんの家に行くと、お茶と羊羹が出る。


「どうだい、八つぁん、羊羹は召し上がるかね？」

「どうもねえ、あっしは酒飲みなものでね。羊羹なんか食べると」

「羊羹はだめかい？」

「ええ、五本も食べたら、げんなりしちゃう」


羊羹を五本も食べる奴はいない。

いいお客が来ると、迎える方の気持ちが羊羹の切り方に表れる。

「ばぁさん、お茶だけでなしに、羊羹もお出しして。薄く切るんじゃねえぞ、厚く切ってな」

なかにはしみったれの家もある。

「薄い羊羹だね。独りで立ってないよ、お互いに寄りかかってかろうじて立っていやがる」

羊羹の薄切りなんてえのはいただけない。生ハムじゃないんだから。しかし、そういう家には訪ねる客のほうも心得ている。「そんなら、三枚一緒に食ってやる」って、羊羹の重ね食いなんていうのはない。もっと図々しい奴になると、

「この間、○○さんのところでいただいた羊羹はおいしゅうございましたよ。お前

さんのところもあの羊羹になさいな」

どこの羊羹を出そうと大きなお世話である。

《小言幸兵衛》という落語では、大家の幸兵衛さんのところへいろいろな人が住まいを借りにくる。二番目に来た仕立て屋の男はいたって常識人で、言葉遣いがていねい。いつもは高圧的な幸兵衛さんだが、そうした人物には態度をころりと変え、

「ばぁさん、お茶入れて。あと羊羹も。ありません？　ないわけないだろう。古い？　いつのだい。安政の頃？　あー、かまわないよ。どうせこの人は食べないから」

相手が常識人であるから、こちらも礼を尽くす意味で、茶と茶菓子を出す。それが礼儀であり、出されたほうも茶菓子なんぞはガツガツ食べないのが常識というものなのだろう。

落語の導入部では、お茶を出したり羊羹を出したり、そんな細かなことで、訪ねて来た人、迎える人との人間関係や、その人たちの性格などが描かれる。お茶と羊羹は落語

の貴重なアイテムといえよう。

羊羹が日本へ伝わったのは鎌倉時代の頃、中国へ留学した禅僧が伝えたとされる。当時は肉食をしない僧侶が食べる精進料理のひとつで、小豆、葛粉、小麦粉を用いて肉類に見立てたもの。今日のような煉羊羹になったのは、寒天が出回るようになった江戸中期以降だという。

高級菓子ではあるが、決して庶民に手の届かないものでもない。江戸中期以降はいたってポピュラーな茶菓子として、江戸っ子に愛された。

《小言幸兵衛》

大家の幸兵衛は小言が趣味。朝から長屋を廻って小言をいって歩く。家へ戻ると、借家を借りたいという人がやってくる。最初が豆腐屋、言葉遣いがなってないと早速幸兵衛の小言、しかも豆腐屋に子供がいないと聞き、「子供が出来ない女房なんか別れろ」。これには豆腐屋が逆切れして帰ってしまう。

次に来るのが仕立て屋、言葉遣いもていねいで万事行き届いた人物だ。子供もいるが、この子が十八歳でいい男だと聞き、幸兵衛は態度を一転させる。

た

卵焼きと蒲鉾

《長屋《ながや》の花見《はなみ》》

《長屋の花見》というおなじみの落語。

貧乏長屋でも花見がしたい。というか、花見でもして景気を付けようじゃないか。満開の桜の下で飲んで食べて、明日への活力を付けようと、大家さんが音頭をとって長屋の連中が集められる。

とはいえ、金がない。酒が買えないので番茶、毛氈《もうせん》がないのでムシロ、料理は沢庵を卵焼きに、大根のこうこ（漬け物）を蒲鉾に見立てたもの。沢庵は黄色いから卵焼きに、また大根のこうこは蒲鉾よろしく、ごていねいに半月形に切ってある。これを風流とみるか、哀れととるか。どっちにしてもばかばかしい笑いを生む。

「私は歯が悪いんで、卵焼きは食べられない」
「卵焼きをいただきましょう。あっ、しっぽじゃないほう」

卵焼きにしっぽなんてない。

「私は蒲鉾が大好きで、毎朝千六本に刻んでお味噌汁の実にしてる。胃の調子の悪い時は蒲鉾おろし」
「うまい蒲鉾ですね。やはり練馬の産ですか?」

蒲鉾が練馬で採れるわけがない。せっかくの見立ても台なしである。
江戸時代は当然のこと、最近も昭和三十年代くらいまで、卵はたいへん高価な食べ物だった。八百屋や乾物屋で売っていたが、桐の箱に入っていて、クッション材として籾殻が用いられていた。割れやすいし高価だから、そのような高待遇であったのだろう。今日のように家で卵かけご飯を食べるなんていうのはまずない。病気のお見舞いか、祝事の贈答品に用いられた。

その高価な卵に、砂糖や出汁や醤油を合わせて焼いた料理が卵焼きだ。店によってはエビや魚のすり身なども入れたから、まさに高級料理の代表である。

蒲鉾も贈答品として用いられることの多い食べ物であった。卵焼きと蒲鉾を食べた気分だけでも楽しもうという、長屋の連中の気持ちが微笑ましい。

現代では、卵は安価、蒲鉾だってそんなに高いものじゃない。野菜が高騰しているときなどは、大根のほうが高いときだってある。しかし、この落語はいつの世でも客席の笑いを誘う。それは、卵焼きと蒲鉾がハレの食べ物だからだ。対して、沢庵と大根のこうこは日常の食べ物である。

ハレの食べ物とは何か。たとえば、幕の内弁当の卵焼きは最後に食べるでしょう。そんなのは好き好きか。では、寿司屋の卵焼きは？　卵焼きの味で寿司屋の職人の腕がわかる、なんていう人もいる。卵焼きは料理屋や寿司屋の看板になるような料理であるのだ。蒲鉾も同様。お正月料理に、紅白の蒲鉾はなくてはならぬものだろう。

ハレの食べ物である卵焼きや蒲鉾は、ふだんの食卓にある沢庵や大根のこうことは別世界の食べ物なのである。時代が変わっても、ハレと日常の普遍的な世界観は変わらない。ハレと日常の明確な差ゆえ、ハレの食べ物を日常の食べ物で見立てる、それが落語のおもしろ味でもある。

《長屋の花見》

大家が長屋の連中に集まれという。店賃の催促ではないかとあわてる住人たちが恐る恐る行くと、大家が長屋の連中を花見に連れて行くという。一升瓶と重箱が用意されているが、そこは貧乏長屋。酒は買えないので番茶、重箱の中身は卵焼きが沢庵、蒲鉾が大根のこうこ（漬け物）という見立て。毛氈はムシロだ。長屋の連中も大家が行こうというのだから仕方がない。ぞろぞろと花見に出かける。

春になるとよく演じられる、おなじみの落語。

れ　レタス（ちしゃ）

《夏《なつ》の医者《いしゃ》》《ちしゃ医者《いしゃ》》

レタスのことを、昔は「ちしゃ」といった。

厳密にはレタスとちしゃは別物。レタス種の和名が「ちしゃ」というわけではない。今、八百屋でレタスとして売られているもの（全体に球形で、葉がやや硬くて色が薄い）が「レタス」で、サラダ菜と呼ばれているもの（葉が薄くて、丸く巻いていない）が「ちしゃ」、その説明が一番わかりやすいかもしれない。韓国料理屋でおなじみのサンチュも、ちしゃの一種だ。

もともとは地中海から西アジアにかけての産。それがヨーロッパに渡ったものが、現在我々が「レタス」とよんでいるもの。一方、中国から日本に伝わった別種レタスがあり、それが「ちしゃ」と呼ばれた。

ちしゃが日本に伝わったのは平安時代というから古い。漢字では「乳草」と書く。茎を切ると、お乳みたいな白い液が出るからだ。ちなみに、レタスの語源はラテン語の「ラクチュカ」で、「ラク」は乳を意味する。

「ちしゃ」が出てくる落語に《夏の医者》、上方落語の《ちしゃ医者》の二席がある。もうおわかりであろう。どちらも「医者」と「ちしゃ」の地口《ぢぐち》（言葉遊び）だ。

《夏の医者》は、大ウワバミに食べられた医者が、胃の中に下剤を撒いて排泄と一緒に脱出。迷惑なのは大ウワバミだ。下剤を撒かれたものだから、腹がくだって七転八倒の苦しみ。「夏のちしゃ（医者）は腹に悪い」が落ち。

当時は生野菜を食すことはあまりなかった。ちしゃもお浸しなどにして食べたのだろうが、それでも保存することが難しい昔には、夏場のちしゃが食当たりを起こすことがままあったということだろう。

《ちしゃ医者》の主人公は藪医者で、藪のくせに見栄っぱりな医者は、シルクハットに紋付きという服装。これはカラオケでよく歌われる「浪花恋しぐれ」や「浪花しぐれ春団治」でおなじみの初代桂春団治《かつらはるだんじ》（1）が語ったギャグらしい。この突き抜けたナンセンスが一世を風靡した「ドアホウ春団治」を彷彿させる。

藪医者のくせに、すぐ近所の病人の家へ行くのに駕籠で行くといいだすが、肝心のおかかえ駕籠屋が給料を払わないので逃げ出したあと。仕方がないので、書生と病人の家の使いとで駕籠を担いで行くが、病人はもう死んでいた。帰りは仕方ないので、書生と自分で駕籠を担いで帰るはめに……。絵を想像しただけでもおかしい。シルクハットに紋付きの男が駕籠担いでいるなんて。

幸い知人の百姓と会い、彼が駕籠を担いでくれることになる。しかし、百姓の出した条件は、駕籠に肥桶を一緒に乗せてほしいというもの。

かくて、書生と百姓の担ぐ駕籠に、医者と肥桶が乗せられる。肥桶をかかえて駕籠に乗る医者。このあたりは故桂枝雀《かつらしじゃく》(2)の名演が懐かしい。途中、老婆に「何が乗っているのか」と聞かれて「医者」と答えた百姓だが、耳の遠い老婆は「ちしゃ」と聞き間違えて一騒動起こる。

さて、現在我々がサラダなどで食べている球形のレタスが日本に渡来したのは明治期、それが栽培されるようになったのはつい最近、戦後のことだという。日本人の食卓は欧米化し、生野菜をバリバリ食べるサラダは欠かせぬ料理となった。肉料理の付け合わせとして、サニーレタスやロメインレタスなど、さまざまなレタスを食べることが出来る。

(1)初代桂春団治…明治十一(一八七八)年～昭和九(一九三四)年。落語家。大正十(一九二一)年、吉本興業に所属、天才的な話術で上方落語のスターになる。破滅型の生き方が歌謡曲「浪花恋しぐれ」「浪花しぐれ春団治」などに歌われた。

(2)桂枝雀…昭和十四(一九三九)年～平成十一(一九九九)年。落語家。昭和三十六(一九六一)年に桂米朝に入門。昭和四十八(一九七三)年、桂枝雀を襲名。天才的な感性で爆笑落語を次々に口演し活躍するも、笑いを追求することへの重圧からか、六十一歳で自ら命を絶ってしまう。

《夏の医者》

隣村で病人が出たという知らせを聞いた医者。このあたりに医者は彼しかおらず、大急ぎで病人のいる村へ向かう。近道をしようと獣道を行くと、大ウワバミが出て食べられてしまう。幸いにも、丸呑みにされたので医者は命拾いをする。持っていた下剤を腹に撒いて脱出するが、下剤を撒かれた大ウワバミは七転八倒の苦しみを味わう。田舎の村を舞台にした、落語には珍しいＳＦチックなネタである。

《ちしゃ医者》

藪医者に急患の知らせ。見栄っぱりの藪医者はシルクハットをかぶり、お抱えの駕籠で行こうとするが、駕籠かきは逃げていない。そこで書生と、使いに来た急患の家の下男に駕籠を担がせて患者の家へ。患者はすでに息絶えており、医者と書生で駕籠を担いで戻ることに。途中、百姓と会い、彼が駕籠を担いでくれることになるが、百姓の条件は彼の担いでいた肥桶を一緒に駕籠に乗せてほしいというもの。医者と肥桶を乗せて、駕籠は行くが……。上方の落語。

そ

そば

《そば清《せい》》《疝気《せんき》の虫《むし》》《［新内］そば》

江戸っ子のそば好きに付いては、「二八そば」の項で述べたとおりである。

「二八そば」や「夜鷹そば」と呼ばれる屋台の荷担ぎそば屋が流行した江戸の町で、現在のような店舗営業のそば屋が登場するのは、江戸も後期になってかららしい。たちどころに需要が増え、一、二町内に一軒はあったというから、たいそうな繁盛ぶりである。

メニューは、もり、かけが十六文。花巻、しっぽくが二十四文。天ぷらそば、卵とじが三十二文。これは一例で、店によっても時代によっても異なったであろう。せいぜいが海苔か竹輪を乗せた花巻、しっぽくしか出せない屋台のそば屋と違い、天ぷらや卵とじもメニューに加わったというのが、店舗営業のそば屋のよいところだ。夏場はさらりとしたもりそば、冬場はあったまる鴨南蛮やあんかけそばなどが好まれた。小柱（青柳の貝柱）を乗せた「あられそば」などもあったようだ。

また、そば屋は床屋や風呂屋同様に、仕事を終えた江戸っ子たちが集まってわいわいやる社交場でもあった。食事というよりもおやつ代わりに、もりの二、三枚も腹に入れようじゃないかという連中が集まって来ていたのだろう。

そんなそば屋で繰り広げられる珍事件を扱う落語が《そば清》だ。

町内の連中がわいわい集まっているそば屋に、「どうも」とやってくる一人の男。そばの賭けで家まで建てたという、そばっ食いの清兵衛さんである。何連勝もする清兵衛さんに、「五十」で勝負を持ちかける。いくらなんでも五十枚のそばは食べられない。

さて、清兵衛さんはどうするか。

十代目金原亭馬生《きんげんていばしょう》(1)が、こずるく憎ったらしい清兵衛さんを、ニコッと笑って「どうも」という一言で見事に演じていた。いけしゃあしゃあとした風情で描いた清兵衛さんに翻弄される江戸っ子連中に、ＳＦチックな落ちが楽しい一席だ。それにしても今のそば屋のもりは量が少ないのに、いい値段だ。これなら五十枚食えないことはないが、賭けの勝ち金よりもそば代のほうが高くつきそうだ。

ほかに、そばが出てくる落語に《疝気の虫》というのがある。昔は病気というのは虫が原因であるといわれていた。子供の病気で疳の虫なんていうのもあるし、虫歯、水虫など、病気を「虫」で表現することは多い。ほかにも腹の虫が治まらないとか、虫の居所が悪いなど、怒ったりするのも、体内の虫の仕業であると思われていた。男の病気で「疝気」というのがあるが、ある医者が疝気の虫を見付け、この虫から治療法を聞いたという落語が《疝気の虫》。疝気の虫はそばが大好きで、病人が食べたそばを腹の中で食べて大暴れする、なんともおかしな噺である。

ところで昔、一、二町内に一軒そば屋があったということは、当然そば屋間での競争も行われていたであろう。味や値段で競うのはもちろんだが、媒体を用いた宣伝も行われていたようだ。故岡本文弥《おかもとぶんや》(2)が演じていた新内《そば》は、江戸時代、山東京伝《さんとうきょうでん》が作ったそばの宣伝コピーが原作らしい。

「太く短く生きやしょう、それはやくざの世渡りよ、人と人との付き合いも、二人が恋のその仲も、細く長くと願うこそ、人の心の常ならん」

「私たちは細く長くそばのように何事も生きましょう」というのがテーマ。岡本文弥は百一歳まで生きたから、まさにこの曲を実践したといえよう。そういえば、そば屋の屋号には「長寿庵」というのが多い。

平賀源内《ひらがげんない》が「土用丑日鰻食うべし」と鰻のキャッチコピーを作ったのは有名な話だが、京伝もまた、そばのコマーシャルを作っている。そばは、文人たちが筆を添えるほど人気の食文化といえるわけだ。

（1）十代目金原亭馬生…昭和三（一九二八）年～昭和五十七（一九八二）年。落語家。五代目古今亭志ん生の長男で、故古今亭志ん朝の兄、女優の池波志乃の父。父親の満州慰問中に落語家となり苦労をするも、昭和二十四（一九四九）年に十代目金原亭馬生を襲名。じっくり語る人情噺に味がある一方、寄席などで演じる軽いネタにもおかし味があり、江戸前の味わい深い高座を見せた。

（2）岡本文弥…明治二十八（一八九五）年～平成八（一九九六）年。新内演奏家。母、三代目岡本宮染とともに新内岡本派を再興。古典曲の伝承のみならず、新作の創作、古曲の復活上演にも活躍。代表作「西部戦線異常なし」「今戸心中」「富本豊志賀」「河童の道行き」「文弥ありらん」など。文芸物や新内には珍しい祝曲、滑稽曲、戦争や従軍慰安婦問題を扱った作品など幅広い。

《そば清》

そばの賭けで家まで建てた清兵衛。町内の連中はそうとは知らずにそばの賭けをやり散々とられる。頭にきた連中は、五十枚でそばの賭けを持ちかけるが、清兵衛は逃げてしまう。旅に出た清兵衛はウワバミが猟師を呑むのを目撃。人間一人呑み込んで動けなくなるウワバミだが、ある草を舐めると腹の中のものが溶けてしまう。これは特殊な消化剤に違いないと思った清兵衛は草を摘んで江戸へ戻り、そばの賭けに挑む。
SFチックなサゲがユニークな落語。

《疝気の虫》

男の病気で「疝気」というのがある。下腹部から睾丸に激痛が走る病気だ。疝気の研究をしていた医者がある日、疝気の虫を見付ける。疝気の虫はそばが大好きで、病人がそばを食べると腹の中で大暴れをする。疝気の虫の弱点は唐辛子。薬味の唐辛子が腹に入ってくると、別荘（睾丸）の中へ逃げる。疝気の病人が苦しみだしたと連絡が入る。医者は早速、唐辛子で病人の治療を考える。「疝気の虫」という表現がなんとも愉快な一席。五代目古今亭志ん生が得意にしていた。

《［新内］そば》

そばを食すことが長寿の秘訣と唄う、新内には珍しいコミカルな曲。故岡本文弥の作詞、作曲。山東京伝の戯作に取材した作品。
新内とは浄瑠璃の一種。宝暦（一七五一～六四）の頃、鶴賀新内の美声から「新内」と呼ばれた。男女の許されない愛をテーマに、心中や逃避行を主に語った。艶麗な節調で聞く者を魅了し、遊里の音曲として親しまれた。昔の新内語りは、自分の美声で何人の男女を心中させたかが自慢だったという。「蘭蝶」「明烏」「伊太八」などが代表曲。

お江戸こぼればなし　参

八百屋

八百屋は店舗営業の店の他に、棒手振りの小商人が、家々をまわってきていた。

棒手振りとは、天秤棒に籠を二つぶるさげて、籠の中に商品を入れて、バランスよく担いで売り歩く商人である。

棒手振りの八百屋はたいてい単品で売り歩いた。いくつもの種類の商品は重くて担ぐことが出来ない。担ぐ商品も限られているから、売り切れば八百屋の店舗でまた仕入れて売り歩く。

棒手振りの八百屋が売り歩くものが旬の野菜だ。長屋の住人はほとんど買い物には行かない。売りに来る棒手振りから買った。だからいつも旬の野菜を買うことが出来た。野菜を買ってから、献立を考えるのが江戸の長屋のかみさんだった。

落語に出て来る八百屋は、《かぼちゃ屋》。与太郎がかぼちゃを売る話だが、この噺では与太郎の父親は八百屋だったらしい。他に《たらちね》では岩槻の葱を売りに来る。葱は棒手振りではなく、葱の束を入れた籠を担いで売り歩いていたようだ。

つ

漬け物

《代《か》わり目《め》》

夫婦の機微をおもしろおかしく描いた《代わり目》という落語がある。

主人公は中年の夫婦だ。外でずいぶん酒を飲んだあと、酔っ払ってご機嫌の亭主が帰ってくる。

亭主の職業は明記されていない。職人のようであり、現代に近い時代のサラリーマンのようでもある。演じる落語家のセンスで感じとれることだが、要はどこにでもある中流の家庭ということであればなんでもよい。

家に着くと茶の間に腰をおろし、そこであと一杯飲みたい。この心理、わかるでしょう？　今ならビールの小瓶か缶でいい。飲む人なら大瓶か。落語の世界なら、銚子一本ということになる。

外での付きあい酒は決してうまいものではない。どこかに気遣いがあって存分には酔えない（って、充分酔っ払っているのだが）。あと一合の酒をゆっくり我が家で飲みたい。これが亭主の理屈。「外は外、内は内」、飲む酒の入りどころが違うのだ。

一方、それだけ飲んでいるのだから、もうとっとと寝てくれればいい。早く片付けて私も寝たいんだから……、が女房の心理。

「外で飲むお酒とうちで飲むお酒は違うでしょう。私のお酌じゃお嫌でしょうが、一本つけましょうか」

そういわれれば、「いや充分飲んできたからもう寝るよ」となるだろう。やってみた。

「じゃ、一本だけもらおうか」

こんな馬鹿なやりとり、夫婦じゃなきゃやらないよ。要するに仲がいいんだ。

酒の燗がつく。肴がほしい。残り物でいい。なんか一箸、塩辛いものがつまみたい。

「なんかつまむものないか？」

「鼻でもつまむしかないでしょう」

「納豆が三十五粒残ってたろう？」

「食べちゃったぁ」

「その口を大きく開けるんじゃないよ。いただきました、といえばいいんだ」

「あっ、そう……。いただきました」

残り物なんてない。みな、女房がお昼の菜にいただいちゃった。

「じゃ、漬け物は？」


昔の中流家庭にはたいてい糠漬けの樽があった。おまんまのおかずがないとき、酒の肴がないときでも漬け物があれば万事解決。それが日本の家庭なのだ。


「漬けたばかりで生なのよ」

「生でも食う。で、糠食って頭の上に石乗せとけば、明日の今頃には……」

女房のとどめの一言に、亭主も自棄になる。この後も夫婦のやりとりは続く。亭主はなんのかんのといって、女房に甘えている。そして、女房もそれがしたたかな女の演技かもしれないが、亭主に甘えている。甘える口ごたえなのだ。

この落語のギャグの多くを編み出したのは五代目古今亭志ん生《ここんていしんしょう》だろう。なめくじの出てくる長屋に住み、そうした世界で培った夫婦の愛情をこうして落語に仕立てたのだ。

《代わり目》

亭主が酔って帰ってくる。早く寝かせたい女房と、もう一杯飲みたいという亭主。夫婦のごくごく普通のやりとりをユニークに描く。酔っ払い亭主と、しっかり者のようでお茶目な女房の心温まるやりとりが聞かせどころ。五代目古今亭志ん生が得意にした。

映画「銀座カンカン娘」（島耕二監督、高峰秀子主演、一九四九年）の中で、大家さん役の志ん生が《代わり目》を語るという貴重なシーンがある。現在も、寄席でよく演じられている。

ね

葱

《たらちね》

コンビニのない江戸時代、庶民はどうやって生活に必要な商品を購入していたのか。

実は、江戸時代はコンビニがなくても、今より便利だった。米、味噌、醤油、酒など、ある程度量がかさむものは店舗から買う。量が多ければ届けてもくれる。そのほか、生活に必要なものは、棒手振《ぼてふ》りの小商人(1)が長屋まで売りに来た。家に居ながらにして、なんでも買うことが出来たのだ。

どんなものを売りに来たのか。

まず水だ。江戸は水の便が悪い。井戸を掘っても、塩分を含んだ水質の悪い水しか出ない。だから、良質の飲料水確保のために、幕府は水道を引いた。赤坂の溜池を水源とする溜池上水、文京区あたりに神田川の堰を造って溜めて開削路で導水した神田上水などにはじまり、玉川上水、三田上水などが次々に引かれた。

人々は上水井戸から水を汲んだのだが、個人がいちいち上水井戸まで通うのは面倒だ。そこで上水井戸から水を汲んで、長屋をまわる水屋がいた。生活必需品というよりライフライン、水屋がいなければ生活すらままならぬ。

ほかには、納豆、魚、あさり、しじみ、野菜など、なんでも売りにきた。野菜は旬のものを単品で売りにきた。棒手振り商人は単品販売のほうが商売がしやすいのだ。

《たらちね》では、新婚所帯の新妻が「味噌汁の実を何にしようか」と思案していると、表を八百屋さんが通りかかる。


「葱や、葱、岩槻の葱」


岩槻は現在の埼玉県南部の地名である。岩槻葱は生だと辛いが、煮ると甘味が出てうまい。鍋物には重宝な葱だ。当時、徳川幕府にも献上され、将軍葱などとも呼ばれ、江戸っ子にも好まれた。

新妻は京の屋敷奉公をしていた女で、言葉がていねいだった。

「門前に市をなす、賤《しず》の男（身分の卑しい男のこと）。そなた携えし一文字草、値何文なりや」

何をいっているのか、わけがわからない。八百屋さんも商売だから、一文字草が葱のこと（すうっと一本に伸びていることから）というくらいの知識はあり、商談は無事成立。何を食べたいか、ではない。旬のものを売りに来るから、銭があればそれを買って食べる。それが長屋の食卓事情なのだ。

こうして新妻も長屋の生活マニュアルを覚えていく。いや、生活マニュアルなんてほどのものじゃない。米は買ったものが蜜柑箱の中、おかずは売りに来た旬のものを買えばいい。楽なもんだ。

「さきざきの時計になれや小商人」

棒手振りの小商人の売り声を聞いて、長屋の人たちは時刻がわかったという。早朝は、あさり・しじみ、豆腐、納豆。朝になると八百屋、昼間は飴屋、ゆであずき屋、それから屑屋なんかも来て、夕方にはまた旬の食材を売りにくる。夜中は、夜鷹そば、鍋焼きうどん、深夜には稲荷寿司。

こうして長屋の一日が過ぎていったのである。

(1) 棒手振りの小商人…天秤棒に荷を担いで売りにくる商人。商品のほかは天秤棒だけで商売が出来るだけに、江戸で一旗揚げようという無産階級の男たちは、棒手振り商人になる者が多かった。

《たらちね》

大家が八五郎に嫁を世話する。屋敷奉公していた女で、言葉がていねいなのが唯一の傷だというが、そんなものは傷のうちに入らぬと八五郎。家の掃除をし風呂屋へ行き嫁の来るのを待つ間、新婚所帯の妄想を始める。やがて大家に連れられて嫁が来る。大家が帰った後、名を聞くと「そもそもことの姓名は父は元京都の産にして姓は安藤、名は慶三……」とやりだす。これが全部名前だと勘違いした八五郎は驚く。

前座噺でおなじみ。寄席でよく演じられている。

な

鍋焼きうどん

《うどん屋《や》》

江戸っ子のそば好きは前にも述べたとおりだ。早いうまい安い、ツルツルツルと威勢良く食べられる。細くて粋なイメージがあるため、大いに好まれた。

では、そばと似た食べ物で、同じ麺類の「うどん」はどうかといえば、実に評判が悪い。太くて、ネチネチして、歯ごたえが悪い。そばは噛まずにツルツルツルといけるのに、同じ麺類でもうどんはツルツルツルなんてやったら、喉にへばり付いてしまう。だいいち、芯まで熱々だから火傷でもしかねない。ニチャニチャニチャと噛んで食うのが江戸っ子には歯がゆい。

栄養があって腹いっぱいにはなるが、胃にもたれる。鍋焼きうどんだから、作るのにも時間がかかる。売り声がまた間抜けだ。「なーべやーき、うどーん」。妙にのばして声をあげるのが野暮ったい。

要は、うどんなんて江戸っ子の食い物じゃねえ、田舎者の食い物ということだ。山東京伝《さんとうきょうでん》も「厄払い」の口上になぞらえて、「悪魔うどん」（うどん＝外道で地口になっている）と、うどんに対しては冷たい。

《うどん屋》という落語は、荷担ぎのうどん屋が主人公。鍋焼きうどんを売り歩くのだが、売り声がうるさいと怒られたり、酔っ払いにからまれたり、どうも芳しくない。

うどんの歴史は、平安時代にさかのぼる。弘法大師《こうぼうだいし》（空海《くうかい》）が中国から伝えたというのは伝説だろうが、弘法大師の生まれた香川県は讃岐うどんが名物だから、あながち嘘話とはいえないかもしれない。

庶民の食べ物となったのは、室町時代。江戸時代になると、田舎の村々で麺類の製造が行われ、街道筋の茶店などでうどんの販売が行われ、それが江戸や京、大坂でも食されるようになった。

うどんも最初はヒモ状の麺ではなく、ワンタンみたいな形で汁に浸して食べていた。やがていろいろ工夫がなされ、ヒモ（麺）状になった。そばが登場する前は、東西問わず、麺類といえばうどんだった。それが江戸ではそばが流行し、関東のそば、関西のうどんという二大食文化圏が形成された。現代でも関西に行けばそばより、うどんである。田舎者や上方の贅六《ぜえろく》(1)の食い物といわれながらも、江戸でもうどんが食されたのはなぜだろうか。

それは江戸が田舎者の町だったからだ。江戸っ子といったって、もとを正せばほとんどが地方から出てきた労働者である。それが何年かのときを経て、江戸の水で洗練されて、ようやく江戸っ子になるのである。江戸っ子未満の田舎者が大勢ひしめいていたのが、江戸という町なのだ。

それに加えて、江戸の冬はとにかく寒かった。底冷えのする寒さだ。筑波おろしも吹きすさぶ。冬の寒い晩には、こたつや火鉢では足りない。腹から温まるものがほしい。そんなとき、熱々のうどんを時間をかけて口から腹の中に、その熱さを感じながら食すのはまさに至福のひとときであったろう。

寒い晩ばかりは江戸っ子返上、なんていう者も多かったのではないか。

(1) 贅六…江戸っ子の関西人に対する蔑称。

《うどん屋》

荷担ぎのうどん屋、酔っ払いに絡まれたり、「子供が寝たので静かにしろ」といわれたり、どうもうまくいかない。寒い晩の荷担ぎの小商人と、町の人たちのあれやこれやを描く一席。

五代目柳家小さんが得意にした。うどんを食べる仕草、寒い晩の情景など聞かせどころは多い。冬になると、たまに聞くことが出来る。

ら

ライスカレー

《かぼちゃ屋《や》》

もとはインド料理なのに、今やカレーは日本のどの家庭でも食べることが出来る。というか、日本人に最もなじみのある料理のひとつだ。

カレーが日本で初めて食されたのは、明治の初め頃である。もともとはインドの食べ物だったが、インドがイギリスの植民地だったため、イギリス人がヨーロッパに持ち帰ってアレンジした欧風カレーが日本に伝わる。

日本海軍がイギリス海軍に学んでいたため、最初カレーは軍隊で食された。ヒンドゥー教徒が多いインドでは絶対考えられないビーフカレーは欧風ならではのものだ。香辛料のきいた辛いカレーというよりは、シチューやスープに近いのがこの頃のカレーだった。

軍隊で食されたということが、カレーの日本での普及に大いに役立った。兵役を終えて故郷へ戻った兵士たちがカレーの味を忘れられず、一般家庭の料理として普及させたのだ。

明治三十年代には洋食屋のメニューの定番となり、明治三十九（一九〇六）年には即席カレーが作られている。

インドカレーが日本で一般に食べられるようになったのは、新宿中村屋の「インドカリー」が最初である。昭和二（一九二七）年のことだ。インド独立運動家のラス・ビハリ・ボース[1]が日本に亡命したおりに、中村屋の創始者、相馬《そうま》愛蔵《あいぞう》にインドカリーのレシピを伝授した。

日英同盟の関係にあったイギリスがボースの追放を求めてきたのに対し、犬養毅《いぬかいつよし》、頭《とう》山満《やまみつる》らが反対。当時、頭山門下だった相馬がボースを四ヶ月間かくまっていたというエピソードがある。のちにボースは相馬の娘と結婚する。また、「中村屋」の看板は頭山満の筆による。

欧風カレーとは違うインドの貴族が食す本格高級カリーとして登場した中村屋の純インドカリーは、高級鶏肉と十種以上の輸入香辛料で作られ、ピクルスなどの薬味もついた。当時、一般の洋食屋で十銭程度だったものが八十銭もしたが、それでも日に二百食も売れたという。同じ頃、資生堂でも五十銭の高級カレーが売り出されている。

しかし、そうしたカレーの高級志向とは別に、昭和五（一九三〇）年頃には一般家庭向きのカレー粉が発売され、家庭料理としてのカレーも生活の中に定着していく。今日、我々が家で食べるご飯の上に黄色いカレールーのかかった、乱切りのじゃがいも、玉葱などの野菜がたっぷり入った日本風カレーである。

インドカリーとも欧風カレーとも違う、日本人好みの味のカレーはこの頃、登場したのだ。カレーうどん、カレーパンなどが販売されたのも同じ頃で、日本人のアレンジ力には舌を巻く。

ライスカレーが出てくる落語に《かぼちゃ屋》がある。働かないで遊んでばかりいる与太郎に叔父さんが、かぼちゃ屋の仕事を世話するが失敗ばかり。とうとう怒った叔父さんが、

「お前、そんなことで、どうやって女房子供に飯を食わせるんだ」
「箸と茶碗で食わせる」
「箸と茶碗だけでは飯なんか食わせられないぞ」

「ライスカレーは匙で食う」

確かに、ライスカレーは匙で食べる。これはたぶん、家庭にカレーが普及した昭和の初め頃に作られたギャグだろう。ちなみに、「ライスカレー」の名付け親は、北海道大学のクラーク博士だという説がある。

（1）ラス・ビハリ・ボース…一八八六〜一九四五。インドの独立運動家。ベンガルの武士の階級に生まれ、イギリスからの独立運動に身を投じ、一五年日本に亡命する。当時日本は日英同盟にあったため、政府はボースに国外退去を命じるが、犬養毅、頭山満らが支援。頭山と懇意の中村屋の相馬愛蔵にかくまわれる。のちに相馬の娘と結婚し、中村屋に日本初の本格インド式カリーのレシピを伝授し、「カレーの父」と称される。インド独立の日を見ずに日本にて客死。

《かぼちゃ屋》

遊んでぶらぶらしている与太郎に、叔父さんが「かぼちゃ屋」の仕事を世話する。商売なんてやったことのない与太郎、「上をむいて売るんだ」といわれたのを、「掛値をすること」という意味とはとらず、文字どおり空ばかり見ていた……。

与太郎噺の代表作。与太郎はいろいろ失敗をするが、《道具屋》《厄払い》《孝行糖》など、叔父さんや町内の人たちが次々に仕事を世話してくれる。愛されている証拠だろう。寄席などでよく演じられている。

む

むらさめ

《二人旅《ににんたび》》

旅の楽しみに土地の名物を食べたり、地酒などを飲んだりするというのがある。今ならご当地ならではの新鮮な山海の幸を堪能出来るが、昔の田舎にはおいしいものがあまりなかったようだ。一方、江戸の町では寿司や天ぷらなど洗練された料理が生まれ、そんな食生活になじんだ江戸っ子が、素朴な味付けの田舎料理や地酒などを口にしてもうまいと思うはずはない。それでも旅ならではの気楽さが、素朴さを味わい深いものに変えてしまうことはあっただろう。

落語にも旅の噺がずいぶんある。《二人旅》など旅の噺で必ず登場する田舎の銘酒がある。「むらさめ、にわさめ、じきさめ」と呼ばれている酒だ。

歩き疲れた旅人が茶店で休む。喉の渇きを酒で潤そうじゃないかということになり……。

「はいはい。ここらにはいいお酒がございますよ。むらさめ、にわさめ、じきさめ、いいましてな」

「むらさめっていうのはどんな酒だい？」

「飲むと、いい心持ちで酔えますだよ。それが村を出る頃にはきれいにさめますだ」

「じゃ、にわさめは？」

「これもええ心持ちで酔えましてな。庭に出るとさめます」

「じゃ、じきさめは？」

「飲んでるじきにさめる」

そんな酒があるものか。三つの中ではまだましだと、むらさめをもらうが飲めたものじゃない。

「ばぁさん、この酒に水混ぜてないか？」

「そんなことしてねえだよ。水に酒混ぜただけだ」

そんな酒は、とてもじゃないけど飲んでられない。しかし、「むらさめ、にわさめ、じきさめ」は、ほかの旅噺でもたびたび登場する。よほど有名な酒なのだろう。

こんな酒にはどんな肴がいいのだろうか。茶店にも、いろいろな料理が用意されている。まず、どぜう（どじょう）汁。注文すると、これからどじょうを捕りに行くというから、よほど暇な人でないととてもじゃないがありつけない。田螺の煮たのが鉢の中にある。これは去年の祭りのときに煮たというから、とうの昔に賞味期限は過ぎている。まあ落語の世界の料理だから仕方がない。いや、こういう茶店に寄るのも旅ならではの楽しみである。

現代の旅でもそれは同じだ。山中の旅館の刺身料理、必ず出てくる茶碗蒸し、朝食の定番である袋に入った味付け海苔、そんなのを食べて旅の雰囲気を満喫しているのだから。

駅弁なんかも決してうまいものじゃないけど、向かい合う席に座って列車にゆられて食べるからうまい。旅というのはおかしなものである。

《二人旅》

気のあった江戸っ子二人が旅に出る。道中、謎かけをやったり、都々逸をやったり。たわいのない会話でのんびりした遊山旅の風情が感じられる。「腹が減ったなぁ、昼食にしよう」。一人がいうと、しばらく行ったところに茶店が見える。

上方では茶店での、旅人と茶店の老婆のやりとりを中心に《煮売屋》という演題で演じられている。旅の噺の導入部であり、寄席などではこの場面だけで演じられているが、ここから《七度狐》や《長者番付》に続く場合もある。

お江戸こぼればなし　肆

蕎麦屋

ファストフードが流行した江戸の街では蕎麦屋が流行した。近代のラーメン屋のような屋台ではない。これも振り分けの荷を担ぐ。荷の中には、蕎麦や出汁だけではない。丼や箸、薬味なんかも入れてある。蕎麦を茹でたり、出汁を暖めたりする七輪も入っているから、かなり重い荷物で、結構過酷な労働である。流して歩くというよりは、火よけ地や、堀端なんかに荷をおろして、客が来るのを待っていた。

客寄せの看板は行灯が登場。屋号にも工夫が凝らされた。また、屋台に風鈴を付けて流した。風鈴の音が蕎麦屋が来る合図となり、「親馬鹿ちゃんりん蕎麦屋の風鈴」などという言葉が流行ったりした。

落語に出て来る蕎麦屋は、やはり《時そば》だろうか。

江戸も後期になると、店舗営業の蕎麦屋が出て来る。もりそば、などが売られたり、天ぷら蕎麦もあったり、また、店であるから、天ぷらでお酒が飲めたりもした。

う 梅干し

《しわい屋《や》》《芝浜《しばはま》》

世の中にはケチな人というのがいる。爪に火を灯すようにして銭を貯める。いい意味では倹約家・節約家といえるが、銭を貯めるのに夢中でまわりが見えなくなり、人づきあいが出来なくなる。それを江戸っ子たちは嫌った。

「みな貧乏、だから困った時は相互扶助」というような暗黙のルールが、江戸のコミュニティにはあった。それを守らない人たちのことを「ケチ」「しみったれ」と江戸っ子たちは非難したのだ。一方で、お上からは「勤勉」「倹約」を求められた江戸時代でもある。この相反する二つのルールの中で、そんな矛盾を気にもせず、なんとなく暮らしていたのが江戸っ子なのだ。

では、ケチな人たちの食生活はどんなものだったのだろうか。

《しわい屋》という落語に登場する。まず醤油。これは「増えるおかず」だという。箸をなめてから醤油の入った丼につけて、ご飯を食べるというのだが、最初になめているから唾液で醤油が増える？　増えてないよ。しかも汚い。

ほかには、梅干し。あるケチな人は一日に梅干し一個がおかず。朝半分食べて、昼半分。夜は種をしゃぶって、最後は種の中の天神様まで食べるという。

これを聞いた別のケチな人は「それは贅沢だ」という。この人は梅干し一個あれば一生おかずになるという。梅干しをじっとにらんで、口にすっぱい唾液が溜まったらご飯を食べる。梅干しは食べずににらんでいるだけ。滑稽というのをこえて、哀れさを誘う噺だ。ほかにも近所の鰻屋へ行って、鰻の匂いでご飯を食べるという噺もある。

しかし、これだけおかずを節約しても、ご飯だけはちゃんと食べている。しかも、白米のご飯である。麦や稗など代用食のほうが安価なような気がするが、そこはケチといえど江戸っ子。米のご飯を食べるというアイデンティティーは忘れずにいるのだ。

さて、ケチな人たちがよくおかずにした梅干しに付いて少し述べよう。

梅干しは、平安時代は薬用に、戦国時代は兵士の携帯食料として用いられた。

忍者の秘薬のベースが梅干しだった。米、そばの粉、鰹節に梅肉を混ぜたものを干して粉にし、それを丸薬にしたものを日に二、三粒食べれば飢えることはなかったという。恐るべし、梅干しパワー。きっと梅干しの解毒殺菌効果を忍者は熟知していたのであろう。忍者とケチは心通じるものがあったのだろうか。

梅干しが一般に食されるようになったのは江戸時代中期。しその葉を用いて赤く色づけがされたのもこの頃である。

また、梅干しを湯で割った「福茶」が大晦日の夜に飲まれるようになった。これはや贅沢品といえよう。福茶は落語の《芝浜》にも登場する。

白いご飯に梅干しをひとつ入れた「日の丸弁当」が登場したのは日露戦争の頃。梅干しに含まれるクエン酸に防腐作用があり、おかずになって食中毒の防止になる、一石二鳥の弁当である。

そのほか、疲労回復や解毒などの効果がある梅干しゆえ、節約家に注目されたというのはよくわかる。

《しわい屋》

ケチに関する小噺集。梅干しや鰻の噺のほか、扇子一本を一生かけて使う方法、冬場でも裸で汗をかきながら過ごす方法、なんでももらう男の噺、ケチの極意を教えてもらいに行く男の噺などがある。落語の噺ゆえ、現代の「もったいない」やエコロジー的倹約にはあまり役には立たない。

八代目林家正蔵、十代目金原亭馬生らが寄席などで時間が短いときによく演じていた。最近では前座噺で演じられ、《しわい屋》だけで演じられることは少ない。

《芝浜》

酒で仕事をなまけていた魚屋が久々に商売に出る。朝早くに魚河岸へ行くが、女房が時刻を間違えたため河岸は閉まっていた。仕方なく芝の浜で煙草を吸っていると、重い革の財布を拾う。家へ戻って数えると小粒（一分金）で約五十両。これで一生遊んで暮らせると、魚屋は一寝入りしてから友達をよんでドンチャン騒ぎ。翌朝、「財布など拾ってない。夢を見たんじゃないか」と女房にいわれ……。

三遊亭圓朝が三題噺で作ったとされ、年末に高座にかけられることが多い。

ゐ

居《い》酒屋の品書き（ゐ）

《居酒屋《いざかや》》《禁酒番屋《きんしゅばんや》》《もう半分《はんぶん》》

「出来ますものは、つゆ、はしら、鱈、昆布、あんこうのようなもの、鰤に、お芋に、酢蛸でございます、へえーい」

五十歳代以上の落語ファンに「落語が好きになったきっかけは？」と聞くと、子供の頃にラジオで聞いた三代目三遊亭金馬《さんゆうていきんば》(1)の《居酒屋》と答える人が多い。

醤油樽が椅子代わりに並べてあるような居酒屋。酌婦なんていない。小僧が一人、注文をとったり酒肴を運んだりしているような、どこにでもある居酒屋。そんな店で、小僧をからかいながら一杯飲んでいる男を描いた、ただそれだけの落語なのだが……。これが今ＣＤを聞いても、とにかくおもしろい。

「おいおい、酌ぐらいしろよ」

「申し訳ございません、あいにく込み合っております」

込み合ってなんかいない。客はその男だけだ。人を食った小僧なのか、主人に教わったマニュアルどおりにいってるだけなのか。

最初の「出来ますものは……」は、客に「肴は何がある？」と聞かれた小僧が述べる口上。これを一気に早口でまくしたてる。やはりマニュアルが徹底している。って、それじゃ、ハンバーガーショップだよ。


「じゃ、その、のようなもの、というのひとつくれ」


「のようなもの」なんていうメニューはない。

一九八一年に森田芳光《もりたよしみつ》が監督した若手落語家の生活をモチーフにした映画のタイトルが「の・ようなもの」。森田監督の世代にとって、落語というとまず、三代目三遊亭金馬のフレーズが記憶に大きかったということなのだろう。

さて、居酒屋が出来たのはいつ頃からだろうか。人類が酒を飲むようになったのは紀元前四千年頃といわれているが、その頃からすでに、エジプトの庶民の間で、ビールを飲ませる店のようなものがあったという。

文明とほぼ同時に嗜好品としての酒が飲まれるようになり、それを売買する商人も登場した。人類の歴史は酒とともにあり、居酒屋の歴史もそれと同様であるということか。

居酒屋が発展するのは、やはり都市においてだ。その意味では、人口が急増した江戸でも、居酒屋は飛躍的に発展したのだろう。武家地では店舗営業は出来ないため、はじめはそばや寿司と同様、煮物など簡単な料理を出す屋台から始まった。これが江戸後期になり、庶民が飲み食いをする居酒屋と、高級な料理屋とに分かれていく。

また、一般に酒を販売する酒屋が、それこそ店の片隅に椅子代わりの醤油樽を並べ、その場で一合、二合の冷酒を飲ませる営業も行っていた。《禁酒番屋》で酒豪の侍が店先で一升飲んで行くといった景色がそれだ。現代でも、浅草の場外馬券売り場の裏の酒屋などでは、店の横に小さなカウンターがあり、ピーナツや柿の種をつまみに、缶ビールやワンカップを飲むことが出来る。

ほかに居酒屋が登場する落語に《もう半分》がある。橋のたもとにある居酒屋。ここに毎日のように仕事帰りに寄る八百屋のおじいさん、一合の酒を半分ずつ注文し飲んで行く。半分ずつ二杯飲んだほうがたくさん飲んだ気になる。セコいようだが、そんな酒の飲み方も庶民のささやかな楽しみのひとつなのだろう。

（1）三代目三遊亭金馬…明治二十七（一八九四）年～昭和三十九（一九六四）年。落語家。独特のいいたての《居酒屋》をはじめ、《茶の湯》《堪忍袋》などで爆笑落語家として大活躍。東宝名人会などに出演したほか、ラジオなどで全国的に人気を博した。

《居酒屋》

居酒屋で小僧をからかいながら酒を飲む男の噺。「その口上《くちうえ》というの、ひとつくれ」「お客さん、これ口上じゃありません。口上《こうじょう》って読むんですよ」「なんだ、口の上だから鼻でも料理してもってくるのかと思った」

三代目三遊亭金馬が演じた爆笑落語。口上のいいたての独特の口調や、小僧と酔っ払いの軽妙なやりとりなどが聞かせどころだ。現在でも、寄席などでたまに聞くことが出来る。

《禁酒番屋》

さる藩で酒が原因で口論となった侍が抜刀し、二人とも命を落とす事件が起きる。殿様は怒り、禁酒の令を出す。酒豪の侍の驚くまいことか、それより困ったのは城に出入りの酒屋だ。門には侍が酒を持ち込まぬようにと禁酒番屋が作られた。酒豪の侍はどうしても酒が飲みたい。出入りの酒屋になんとか番屋を通り抜けて酒を届けるよう命じる。
　酒屋が失敗するたびに番屋の役人に酒を飲まれ、番屋の役人がだんだん酔っていくさまが聞かせどころだ。

《もう半分》
　仕事帰りに居酒屋に立ち寄り、半分ずつ酒を飲む八百屋の老人。ある日、店に風呂敷包みを忘れた。居酒屋夫婦が中を調べると大金が……。急ぎ探しに来る老人に、夫婦は風呂敷などなかったと嘘をつく。大金は老人の娘が吉原に身を売って作った金。老人は川へ身を投げて死んでしまう。居酒屋の女房は赤ん坊を産むが、その子が怪異な行動をとるようになり……。
　五代目古今亭志ん生、五代目古今亭今輔らが演じていた。

の

海苔
《家見舞《いえみまい》》

肉や魚などのおかずがないときに、ちょっと一杯のご飯を食べるためのおかずは何がよいだろうか。

梅干しもいい。ただ、ちょっと酸っぱいのが難か。漬け物でお茶漬けというのもいい。個人的には、しらすおろしなんかが好きだ。

しかし、ご飯の甘味（うま味）を引き出すナンバーワンのおかずは、焼き海苔だろう。あの香ばしさ、食感……。醤油をちょこっと付けて、ご飯に乗せて、くるっと巻いて食べる。想像しただけで腹が減ってくる。

海苔の歴史も古い。律令時代に租税として納められ、平安時代は貴族階級のみしか食することを許されなかったという。海苔の養殖が行われ、庶民の口に入るようになるのは江戸時代の中期から。江戸湾で採れた海苔が「浅草海苔」として浅草寺の門前で売られた。享保（一七一六〜三六）の頃には巻き寿司も登場して江戸っ子に人気となり、海苔の普及に拍車がかかった。

焼き海苔が出てくる落語を探してみた。《家見舞》という落語がある。この落語にはほかの料理もたくさん出てくるのでちょっと紹介しよう。

兄貴分が新築をしたので、お祝いをしたいと思う江戸っ子二人。だがあいにく銭がない。台所のものなら安価で買える。水瓶はどうかと道具屋へ行くが、二人の持ち合わせではとても買えない。見ると脇に汚い瓶がある。値段を聞くとただ同然。これなら買えると喜ぶ二人だが、この瓶は取り壊した家の便所から掘り出したもの。つまり便所の排泄物を溜める瓶だった。

「いいよ。なかなかの掘り出し物だ」とこれを買い、洗って水を張って兄貴の家へ持っていく二人。ひどい奴らがあったものだ。

兄貴は便所の瓶だなんて知らないから、二人に酒でも飲んで行けという。肴は冷奴。豆腐が水に浮いている。

「兄ィ、豆腐の浮いているこの水はどこの水ですか？」

「お前らが持って来てくれた瓶の水だ」

「うえっ。実は俺たち、豆腐断ちをしていたんです」

「断ったもの食べちゃだめじゃないか。じゃ、何かほかのものを用意させよう」

次に出てくるのは、菜のお浸し。ゆでたのを水でギュッと……。漬け物は、樽から出して、瓶の水で洗って。

「お浸しも漬け物も断ちました」

「仕方ねえなぁ。焼き海苔でおまんまでも食べていきな」

焼き海苔はどうやら水には関係ない。ホッとしてご飯を食べる一人。もう一人が首をかしげる。

「おまんまから湯気が出ているけど、どこの水で炊いたんでしょう？」

「うぇっ、実はおまんまも断ちました」

おまんまを断つ人はいない。なんとも汚い噺だが、これをさらりと笑いのうちに聞かせるのが落語家の技量なのだ。

《**家見舞**》

兄貴分の新築祝いをしたい二人。台所のものは安いだろうと水瓶を求めるが、二人の所持金では買えない。見ると、道具屋の店先に汚い瓶。どこかの廃屋から掘り出した便所の瓶（糞尿を溜めておくもの）だった。

これならただ同然と聞いた二人は、「これがホントの掘り出しもの」と便所瓶を買い、川で洗って水瓶だと兄貴の家へ持って行く……。

寄席などでよく演じられている。

お

おまんま

《たらちね》《阿武松《おうのまつ》》

「九尺二間に過ぎたるものは紅のついたる火吹き竹」

「九尺二間」とは最も狭い長屋のこと。間口が九尺（約二・七メートル）で、奥行きが二間（約三・六メートル）、広さ三坪くらいしかなかった。三畳ほどの板の間にわずかの土間がある、今日でいうフローリングのワンルームマンション。ただしバス、トイレなし。当然、独身男性の独り住まいが多かった。

田舎から出てきて、人足か棒手振り商人でその日を食いつなぐ、あるいは職人のもとで修業をして独立した若者、商家に奉公し通い番頭に昇進した者たちがこうした長屋に住んだ。

続いて「紅のついたる火吹き竹」。火吹き竹とは、火を起こすときに使う竹の筒。そんな狭い長屋にも、ご飯を炊くための竈はちゃんとあった。江戸の人たちの主食は米のご飯、どんな貧乏な家でも竈だけはなくてはならない。竈と一緒に火吹き竹もご飯を炊くためにはなくてはならぬもの。その火吹き竹に紅が付いている。

おわかりか？　つまり、ここの家は新婚所帯なのだ。本当はもっと広い家に引っ越したいが、たぶん経済的な理由でしばらくは九尺二間の家に住まねばならない。狭くたっていいのだ。いや、新婚所帯なんていうのは狭いほうがいいくらいだ。

「新所帯　夜具に屏風を立てまわし」

これは当時の川柳だが、うーん、来客があった時は狭いのは困るか。昨夜の痕跡の残った布団を見られるのは新妻には恥ずかしいもの。一方で、こんな川柳もある。

「新所帯　何をやってもうれしがり」

江戸の町は男性人口のほうが多かった。地方からの出稼ぎ、流入者が多い。だから、妻帯出来るというのは、よほどのチャンスに恵まれなければ難しかった。恋愛で結ばれるケースは少ない。まじめに働いて信用を作り、長屋の大家なり、お店の旦那なりに、どこそこの娘さん、どこそこの女中さんなら、とすすめられて一緒になるのが一般的だった。そうして妻帯することが、新たな信用となる。当然ながら、生活そのものが一変する。

昨日までは外食がほとんどで、竈があったって使ったことのない所帯で、新妻がおまんまを炊いてくれる。ほかに何も贅沢品はない。唯一の贅沢品が「紅のついたる火吹き竹」。新妻がいて、おまんまを炊いてくれるということなのだ。

《たらちね》という落語では、新妻を迎える八つぁんが、新妻との食卓を妄想して大騒ぎする場面がある。

「俺は五郎八茶碗に竹の箸でガンガラガン、沢庵は奥歯でバーリバリ、かみさんは瀬戸物の茶碗に象牙の箸でチンチロリン、沢庵は前歯でポーリポリ。ガンガラガンのバーリバリ、チンチロリンのポーリポリ……」

食卓におかずなんて、本当に沢庵が数切れあればいい。おまんまが冷えてたって、お茶漬けにして食べればいい。

一人寂しくとる食事は、空腹を満たすだけの作業。二人で食べる食卓で、初めて文化的な食事となる。「ガンガラガンのバーリバリ、チンチロリンのポーリポリ……」こそが真実の食事の意味なのであろう。

ほかに、おまんまが登場する落語に《阿武松》がある。

能登国（現在の石川県）から出てきた若者が相撲を志し、武隈文右衛門《たけくまぶんえもん》の弟子になるが、おまんまを食べすぎるという理由でクビになる。今さら故郷に帰れぬ若者は川に身を投げて死のうと考えるが、死ぬ前に一度でいいから腹いっぱい飯が食いたいと、板橋（演者によっては川崎）の旅籠に泊まり、飯を食う。

二升のお櫃が空いたところで、ただごとではないと思った旅籠の主人が事情を聞き、それならと若者を贔屓の力士・錣山《しころやま》に世話をする。この若者がのちに横綱になるのだが、一人の若者の運命を、まさにおまんまが左右したという噺である。

《たらちね》

「ね」参照

《阿武松》

能登から出て来た少年が相撲を志し、武隈文右衛門に弟子入りするが、飯を食べ過ぎるという理由で破門になってしまう。少年はこのままでは故郷に帰れず身投げしようと考えるが、死ぬ前に一度でいいから飯を腹いっぱい食べたいと旅籠に泊まり、黙々と飯を食べる。二升食べたところで旅籠の主人が驚いて事情を聞き、それならばと自分が聶㞗の錣山関を紹介。やがて少年はめきめきと頭角を現し、阿武松緑之介を名乗り第六代横綱に。講談ネタで、落語では地噺として演じられている。

く

グリコキャラメル

《グリコ少年《しょうねん》》

昭和五十五（一九八〇）年、江崎グリコの会長、江崎利一《えざきりいち》氏が亡くなった。江崎氏の死を悼んで一席の落語が作られた。三遊亭圓丈《さんゆうていえんじょう》(1)作、口演の新作落語《グリコ少年》だ。「グリコキャラメル」をはじめとするお菓子は、昭和二十年代、三十年代の子供たちには輝かしい憧れ品だった。一センチ四方ほどの小さなキャラメルの粒に、子供たちの夢と希望が凝縮されていたといっても過言ではない。そのキャラメルを作って売ってくれた江崎氏に、昭和二十年代、子供だった圓丈が「グリコさんありがとう」と心を込めて語ったのがこの落語だ。

当時、圓丈は新作落語の新しい運動を展開していた。古典落語やそれまでの新作落語をすべて否定。目先の笑いや約束された定番の笑いの世界から突き抜けた、自分たちが真実に語りたいメッセージを笑いに転換させていくことこそが落語であるとして、「実験落語」を立ち上げた。

冤罪死刑囚の叫びをつづった《わからない》、関西弁が攻めてきて東京の寄席が乗っとられてしまう《パニックin落語界《らくごかい》》、埼玉県民と足立区民を乗せて走る東武日光線の悲哀を語った《悲《かな》しみは埼玉《さいたま》に向《む》けて》などの落語で注目を集めていた圓丈だが、一気に火がついたのが《グリコ少年》だった。

「一粒で三百メートル」のキャッチフレーズ、心躍らせたグリコのおまけ、そうした懐かしい話に当時の観客の誰もがうなずいた。グリコだけじゃない。明治のサイコロキャラメル、不二家のペコちゃん（ミルキー）、ニイタカドロップ。そして、

「森永ミルクキャラメルは遠足のときでないと買ってもらえなかった」

そうそう、買ってもらえなかったよなぁ、と誰もがうなずく。日本中が貧乏だった時代。だけど高度経済成長で、もう子供のおやつはふかし芋なんかじゃないぞと、五円玉をにぎりしめて駄菓子屋へ走ったあの頃を誰もが思い出し、笑い転げた。

落語ってなんだろうと考えたとき、立川談志《たてかわだんし》(2)は「業《ごう》」だという。似たようないい方で、五代目柳家《やなぎや》つばめ(3)は「色と欲」といった。色とは男性から見た女性(女性から見た男性)だ。欲は「金」とか「名誉」だが、金で買えるすべての物であり、生きるために必要なもの、すなわち食べ物も含まれる。

腹いっぱいになりたい食欲だけでなく、うまいものが食いたいという食欲。子供の頃なら、お菓子の甘味だ。そこを《グリコ少年》は鋭く突いた。昭和二十〜三十年代生まれの人たちの共通の欲望を実にうまくくすぐったのだ。

圓丈はその後も、一九九〇年代には「応用落語」、今世紀に入ってからは「落語21」とさまざまな新作落語の運動を展開してきた。《鼬《いたち》の留吉《ためきち》》《ランボー怒《いか》りの脱出《だっしゅつ》》《月《つき》のじゃがりこ》《あんたの聖家族《せいかぞく》》などの新作落語を次々に発表しつつ、《グリコ少年》も十年に一度くらいずつ見直し、改作して演じてきた。

しかし、ある時期から子供がキャラメルなどの菓子を食べなくなった。今、三十代以下の人にはキャラメルといっても実感がない。「もうグリコの時代ではないかもしれない」と圓丈はいう。

食べ物にも流行がある。両手を挙げた万歳をして、一気にひとつの時代を駆け抜けたお菓子と落語があったのだ。

（1）三遊亭圓丈…昭和十九（一九四四）年〜。落語家。昭和三十九（一九六四）年、六代目三遊亭圓生に入門。七〇年代後半より「実験落語」を主宰し、新作落語のムーブメントを起こす。新作を作り続け、今なお戦い続けている新作落語の戦士。代表作に《グリコ少年》《悲しみは埼玉に向けて》《鼬の留吉》《肥辰一代記》など。

（2）立川談志…昭和十一（一九三六）年〜平成二十三（二〇一一）年。落語家。昭和二十七（一九五二）年に五代目柳家小さんに入門。昭和三十八（一九六三）年、七代目立川談志を襲名。昭和五十八（一九八三）年、落語協会を脱会し立川流を設立。古典落語に実力を発揮し、「落語とは人間の業の肯定」の理論を掲げる。著書『現代落語論』（三一新書）は落語界に大きな影響を与えた。

（3）五代目柳家つばめ…昭和四（一九二九）年〜昭和四十九（一九七四）年。落語家。昭和二十七（一九五二）年、五代目柳家小さんに入門。昭和三十八（一九六三）年、五代目柳家つばめを襲名。時事的な人物を扱った新作落語を得意とした。《佐藤栄作の正体》《松下幸之助伝》が代表作。著書『創作落語論』（三一新書）は新作落語を理論的に導いたバイブル的な一冊。

《グリコ少年》

江崎グリコの会長、江崎利一の死を悼んで、一九五〇年代、六〇年代に子供たちが愛してやまなかったお菓子の思い出をつづる一席。「一粒で三百メートル」と大きく両手を挙げて走っていたグリコのおじさん、実は江崎会長その人であったという壮大なオチは、今も伝説となっている。

江崎会長の死を悼んだ三遊亭圓丈が昭和五十五（一九八〇）年に発表した新作落語。

その後の多くの新作落語に影響を与えた。圓丈は十年に一度ずつくらい改定版を作り、寄席などで演じている。

や

弥助

《横松和平《よこまつわへい》》《花粉寿司《かふんずし》》《寿司屋水滸伝《すしやすいこでん》》

「弥助」とは寿司のことである。

浄瑠璃「義経千本桜《よしつねせんぼんざくら》」の「鮨屋《すしや》の段」。元平家の家臣で今は鮨屋の主人、弥左衛門は、源氏の探索をあざむくため、平惟盛《たいらのこれもり》を下働きの弥助と偽りかくまう。この弥助の名が、寿司を「弥助」と呼ぶようになった由来である。もちろん、義経の時代に江戸前の寿司などない。江戸時代の歌舞伎や浄瑠璃はその時代の風俗の中に時代物の世界を描いたのだ。

さて寿司もまた、そばや天ぷら、鰻と並ぶ江戸の基幹外食産業だ。

寿司の始まりは東南アジアとされる。塩漬けの魚を米の中に詰め、米の自然発酵で魚を保存した。魚を保存するためのものだから、米は食べずに捨てていた。「熟れ寿司」

と呼ばれ、現在でも琵琶湖の湖畔にある鮒寿司が原形である。
日本に伝わったのは奈良時代で、やがて米食の日本人はご飯と魚を一緒に食べるようになる。自然発酵でなく、飯に酢を混ぜたりした。保存食から料理へと寿司が変化していったのだ。

にぎり寿司が登場するのは、文化・文政（一八〇四～三〇）の頃、江戸湾で採れた魚介や海苔を用いて考案された。ネタは、コハダ、穴子、アジ、イカ、タコ、ハマグリなど。最初は生ものは腐るからと、ネタを酢でしめたり、焼いたりしたという。

寿司の値段は屋台で一個四文～八文。待たずに食べられて、安くてうまい。江戸の寿司は現代の回転寿司と同様のセンスだ。小腹がすいたときに二、三個つまむのがちょうどよい。よく年配の人で「寿司はご飯ではない」という人がいるのは、そうした江戸っ子の心意気なのだろう。

ただし当時の寿司は、今日の寿司よりもはるかに大きく、おにぎりくらいの大きさがあったらしい。うーん、おにぎりなら二個食ったら立派なご飯だが。

一方で、天保（一八三〇～四四）の頃には高級寿司店も登場している。以降、寿司は高級志向と、庶民の軽食の両輪で人々に愛されてきた。

江戸前のにぎり寿司を考案したのは、華屋与兵衛《はなやよへえ》という人らしい。遊びで身代をつぶした与兵衛が荷売りの寿司屋を始め、さまざまな工夫をして最後には両国に店を構えるまでになったというサクセスストーリーがある。

寿司の出て来る落語だが、あんまりない。

「さぁ、おあがり。小腹がすいてるかい。なら、弥助でもつまむかい？」なんていうのはない。

そばと並ぶ江戸前の料理なのに不思議なところだ。

二代目広沢虎造《ひろさわとらぞう》(1)の浪曲「森の石松、三十石船」の、「寿司を食いねえ、江戸っ子だってねえ」の寿司は、大坂名物の押し寿司だ。

探してみたら、新作落語にあった。三遊亭圓丈《さんゆうていえんじょう》作、口演《横松和平》では、レポーターになった主人公が回転寿司をレポートする場面が出てくる。回転寿司の特徴を哀切たっぷりに語るのがポイント。春風亭昇太《しゅんぷうていしょうた》(2)作、口演《花粉寿司》は、もしも寿司屋の板前が花粉症だったらという、実際にあるかもしれない設定を破天荒に語る。柳家喬太郎《やなぎやきょうたろう》(3)作の口演《寿司屋水滸伝》は、うらぶれた寿司屋に寿司のエキスパートたちが集うというナンセンス小品。

ささやかな贅沢な食事として現代でも愛されている寿司は、むしろ新作落語において現代のドラマを生みだすのだろう。

（1）二代目広沢虎造…明治三十二（一八九九）年〜昭和三十九（一九六四）年。浪曲師。独特の虎造節を創造し、戦前戦後のラジオで人気を博した。とくに「清水次郎長伝」は大いに受け、「江戸っ子だってねえ」「馬鹿は死ななきゃなおらない」などの名セリフは国民的な流行語となり、今日に伝わっている。

（2）春風亭昇太…昭和三十四（一九五九）年〜。落語家。昭和五十七（一九八二）年、春風亭柳昇に入門。新作落語で活躍。平成十八（二〇〇六）年より人気テレビ番組「笑点」にレギュラー出演。令和元（二〇一九）年、公益社団法人落語芸術協会会長就任。新作代表作は《悲しみにてやんでえ》《愛犬チャッピー》《人生が二度あれば》など。

（3）柳家喬太郎…昭和三十八（一九六三）年〜。落語家。平成元（一九八九）年、柳家さん喬に入門。古典落語を修業しながらも「応用落語」に参加。現在、古典と新作の両輪で活躍している。新作代表作は《すみれ荘二〇一号》《夜の慣用句》《母恋くらげ》など。

《横松和平》

売れない夫婦漫才師がレポーターに転職することにする。横松和平を名乗った男は、早速、寄席や回転寿司を突撃取材するが失敗。唯一、彼のレポートを認めるのは、元の漫才の相棒の妻だった。男は回転寿司でかっぱらってきた納豆巻を食べながら、時代の波に乗り遅れた自分たちをレポートする。

三遊亭圓丈作、口演による哀切漂う秀作。レポートの思わず笑いを誘う真実と、とつとつと語るレポーターの口調が見事にマッチした秀作。

《花粉寿司》

もしも寿司屋が花粉症だったら……という春風亭昇太作、口演のナンセンス新作落語。

そんな寿司屋には絶対に行きたくないが、絶対にいるよね、花粉症の寿司屋。日常のリアルな疑問点を極限までデフォルメして爆笑に運ぶのが昇太の魅力。花粉症の寿司屋がなんのためらいもなく、くしゃみをし、鼻水をすすり、つばを飛ばしながら延々と寿司を握るさまは、昇太ならではの冷めた視線を秘めたデタラメが生きる一作。

でも、やっぱり、そんな寿司屋は嫌だ。

《寿司屋水滸伝》

客の来ないうらぶれた寿司屋。そこへふらりとやって来る流しの寿司職人。彼のにぎった鮪はまさに至極の絶品だ。だがこの職人、鮪以外の寿司はにぎることが出来ない。店主が困っているところへ、イカをにぎらせたら日本一、ウニ盛りの名人など、一芸に秀でた寿司職人たちが次々と集まり、狭いカウンターだけの店に、百八人の寿司職人が集う。

柳家喬太郎作の新作落語。寄席などで演じられる小品。瀧川鯉朝、三遊亭天どんも喬太郎に習って高座にかけている。

ま

饅頭《まんじゅう》

《饅頭こわい》《子別《こわか》れ》

《饅頭こわい》というおなじみの落語には、饅頭以外にもいろいろな食べ物が出てくる。町内の若い者が集まっての馬鹿話。何が怖いかに付いて話していると、怖いものなんかないという男が現れる。「万物の霊長たる人間が、動物や虫などを怖がってどうする」というわけだ。

この男にいわせると、蛇や馬なんぞはごちそうだという。確かに、蛇は気持ち悪いが栄養ありそうだ。疲れているときにはマムシドリンクなど飲むしね。馬だって、馬刺しや桜鍋なんぞはうまい。しかし、「赤飯にゴマ塩が足りないと、蟻をパラパラ」「納豆の糸引きが悪いときには蜘蛛捕まえて来て」は落語の噺だ。

「四足はなんでも食べる」という男が唯一食べられないのは「櫓ごたつ」で、「食って食えないことはないが、あたるものは食わない」っていうのが、《饅頭こわい》前半の落ちだ。

後半、この男が怖いもの「饅頭」を思い出す。寝込んでしまった男を驚かしてやろうと、町内の連中が男の枕元に饅頭を山と積み上げる。

腰高《こしだか》饅頭、唐《とう》饅頭、そば饅頭、葛饅頭、田舎饅頭、栗饅頭、中華饅頭、チョコレート饅頭など、枕元にはいろいろな饅頭が並ぶ。

腰高饅頭は腰高にふっくら作ってある饅頭。慶事の配りものや葬式饅頭に用いた。

唐饅頭は、卵、小麦粉、砂糖などで作ったカステラ生地に、餡を包んだもの。ほかにも、弘法大師《こうぼうだいし》や栄西《えいさい》が中国から伝えた饅頭だとして「唐饅頭」の名を付けているものもあるが、江戸の唐饅頭は唐趣味（外国風）という意味で、西洋の雰囲気のするカステラ系の饅頭なのだろう。

そば饅頭はそば粉で皮を作った饅頭。味わいも素朴で、香りがいい。葛饅頭は葛粉で餡を包んだもの。透明で涼しい感じがするので、夏場のお菓子にいい。

田舎饅頭というのは特定が難しいが、薄皮で餡がはみ出しているようなものが多い。素朴な味で、すぐに硬くなり日持ちがしないのが難である。

栗饅頭も、饅頭の皮に栗の粉を練りこんだものと、餡の中に栗を仕込んだものがある。栗のような形に焼き上げるのがポイントだ。

中華饅頭は、中国風の饅頭《マントウ》だろうか。チョコレート饅頭も栗饅頭と同じように、チョコレートを皮に練りこんだ饅頭。近年のものには、饅頭の皮でチョコレートを包んだものもある。

さて、枕元に積まれた饅頭に驚いた男はあろうことか、饅頭をパクパク食べはじめた。本当は饅頭が大好きだったのだ。

大人が饅頭大好きとは珍しい。しかし、甘いものが希少価値の江戸では、甘いというだけでごちそう。饅頭などは夢の食べ物のひとつなのだ。

《子別れ》という落語では、自分の不始末から女房子供と別れた男が、饅頭屋の前を通りかかり、子供が饅頭を好きだったことを思い出して涙ぐむ場面がある。それを見た饅頭屋が「あの人は清正公《せいしょうこう》様の生まれ変わりかしら」。

清正公は加藤清正《かとうきよまさ》のことで、大坂城で徳川家康《とくがわいえやす》の刺客に毒饅頭で殺されたという俗説がある。饅頭を怨んで涙したと思われたのだろう。

しかし、毒を盛られているかも知れない饅頭を食うなんて、豪傑加藤清正も甘いものの誘惑には勝てなかったということか。

《饅頭こわい》

町内の若い者が集まって昔話に花が咲く。そのうちに、怖いものの話になる。一人の男が「俺は怖いものがない」と豪語。「万物の霊長たる人間が虫や獣を恐れてどうする」というのだが、やがてこの男は自分が怖いものを思い出し、ぶるぶるとふるえ出す。はたして、男の怖いものとは？

寄席などでよく演じられているおなじみの落語。

《子別れ》

上中下で演じられる長い噺。大工の熊は知り合いの葬式の帰り、友人と吉原に逗留する（上＝別名《強飯の女郎買い》）。四日間家をあけた熊に、女房は子を連れて家を出る。熊は遊女あがりの女を家に入れるが、家事もろくにせず女は出て行く（中）。自分の非を悟った熊は一生懸命働いて立ち直る。数年後、熊は子供と再会するが、母子は裏長屋で貧しい暮らしをしていた。子供が間に入って夫婦はよりを戻す（下＝別名《子は鎹》）。人情噺としておなじみの一席。

お江戸こぼればなし　伍

うどん屋

蕎麦と並ぶ代表的なファストフードに、うどんがある。

本文でも記した通り、江戸っ子は蕎麦が好きで、うどんは嫌いだった。だから、うどん屋になろうなんて奴はいないかと思うとさにあらず。うどんにも需要があり、うどん屋も商売として成り立った。

現在は、うどん専門店も多くあり、それこそ安いうどんのチェーン店も街で見掛けるが、江戸後期の店舗営業の蕎麦屋が出来た頃は、蕎麦屋でうどんも食べさせた。荷売りだと、うどん、蕎麦両方持っていけるほどの選択肢はないが、店舗ならば可能というわけだ。

一方関西ではうどんが好まれ、蕎麦屋はほとんどなく、街の店舗もうどん屋が多かった。蕎麦屋はまったくないわけではないが、うどん屋で蕎麦を出すことはあまりなかった。蕎麦の需要がなかったからだ。

落語に出て来るうどん屋は、やはり《うどん屋》だろう。市井の荷売り商人の悲喜こもごもが描かれる。

け

玄米

《幾代餅《いくよもち》》《胴斬《どうぎ》り》《搗屋幸兵衛《つきやこうべえ》》

白米を常食としていた江戸の人たちにとってなくてはならない商売が、玄米を精米する搗米屋だ。

搗米屋が江戸に現れたのは承応・明暦（一六五二～五八）の頃、実際に白米が常食となったのは元禄（一六八八～一七〇四）の頃といわれている。

今は搗米屋なんていう商売はない。精米は現代では機械化されているからだ。

搗米屋の仕事は、籾殻のついた玄米を搗いて糠を落とす作業を行う。糠には、脂質、食物繊維、ビタミンB_1などの栄養がある。でも、白米のほうが甘くておいしいから、白米が常食となった。

白米を常食とした江戸っ子たちには脚気が多かった。当時は脚気の原因が解明されておらず、命を落とす者もいたという。「芋」の項でも述べたように、江戸を離れ、玄米や雑穀食の生活になると自然に治ったところから、「江戸わずらい」ともいわれた。そのうちに、おかずに糠漬けを食すようになり、脚気になる者も減ったという。

俗に「越後の米搗き男」などといわれる。足でペダルを踏んで杵を動かし黙々と米を搗くのであるから、まじめで勤勉でなければ務まらない。越後の人の勤勉さをいう言葉であろう。

しかし、「越後の米搗き男」は、現在では「放送に関して不適切な言葉」に含まれるらしい。出典本来の意味が不明のせいで、受け取り方によっては「越後の人は米搗きくらいしか出来ない」という差別的な意味にもとれそうだが、これは考えすぎだと思う。なんでも規制すればいいってものじゃない。

《幾代餅》という落語がある。主人公は搗米屋の奉公人。吉原、松の位の太夫職（最上位の格式のある花魁）、幾代太夫の錦絵を見て、恋わずらいになる男の噺だ。今でいえば、アイドルの写真集を見て恋わずらいになるようなもので、ちょいキモいかもしれない。だが、「純粋でまじめな男」というイメージにぴったりなのが、この搗米屋という職業なのだ。

男はさらに三年間まじめに働いて金を貯め、めでたく幾代太夫に会うことが出来る。男の誠意を深く受け止めた幾代は年季があけたあと、搗米屋を訪れ、二人は夫婦となり両国に餅屋を開く。これが「幾代餅」由来の一席である。

《胴斬り》という小噺は胴斬りにされた男が主人公。上半身が風呂屋の番台で、下半身が搗米屋で働いたという話である（現代では搗米屋がなくなってしまい、意味が通じないため「こんにゃく屋」でやる人もいる。しかし、こんにゃくを踏むというのもあまりないけど）。なるほど、下半身だけなら脇目もふらずに働くから好都合だ。

番台の上半身が「この頃のぼせるんで、三里に灸をすえるようにいってください」と言付けを頼むと、今度は下半身が、「上半身に伝えてください。あんまり女湯を見るんじゃない。褌がはずれて困る」。

《搗屋幸兵衛》という落語は、《小言幸兵衛《こごとこうべえ》》の別バージョンのような噺だが、これも搗米屋の勤勉さゆえに起こるミステリーな一席だ。

江戸という町が文化都市として機能したのは、ひとえに搗米屋のような、地方から出てきたまじめで勤勉な人たちの労働力によるのだろう。

《幾代餅》

搗米屋の清蔵は錦絵の花魁、幾代を見て一目惚れし、恋わずらいになってしまう。三年間働いて銭を貯めたら、親方が吉原へ連れていってやるというのを聞き、一心不乱に働く。三年後、十五両の金を貯めた清蔵は、幇間医者の案内で吉原へ行く。《紺屋高尾》と同じような内容のストーリーである。

《幾代餅》は五代目古今亭志ん生が演じ、十代目金原亭馬生、故古今亭志ん朝、故古今亭圓菊らに継承され、その一門でも演じる落語家が多い。

《胴斬り》

胴斬りにあった男が、足と頭が別々に奉公をしたというばかばかしくも滑稽な噺。頭は湯屋（銭湯）の番台に、足は搗米屋（こんにゃく屋でやる落語家もいる）で、それぞれ働くことになったが……。

武士が出てくる落語のマクラに、小噺としてよく使われる。武士の噺というよりは、ややエロ小噺的な要素が強い。

《搗屋幸兵衛》

《小言幸兵衛》と同工のストーリー。小言ばかりいっている大家の幸兵衛と借家を借りにくる男とのやりとりを描く。借家を借りに来た男の商売が搗米屋だと聞いた幸兵衛は、「用事があるので帰りたい」という搗米屋を引きとめ、幸兵衛と先妻との話を語りはじめる。ミステリー仕立てのおもしろい噺だが、最近はあまり聞くことがない。「あなたがね、搗米屋さんだっていうから話をするんだけどね」を繰り返しながら徐々に話の核心に迫っていく、故古今亭志ん朝の名演が懐かしい。

ふ

麩
《時《とき》そば》

「ホンモノの竹輪だ。よそは竹輪麩って麩を使っている。麩はいけねえ。あれは病人の食うものだ。

（竹輪を口に放り込み）うん、ホンモノの麩だな。いいんだよ、俺は病人なんだ」

麩はご存じ《時そば》に出てくる。

最初の男はやたらと調子がいい。丼がいい、箸が割り箸だ、出汁は鰹節がおごっている、そばが細くてうまい、竹輪は厚切りで本物だ、とたたみかける。翌日のちょっと間抜けな男は、それをまねるが失敗ばかり。丼は汚い。箸はすでに割ってある。出汁はしょっぱい、というより苦い。そばは太くてうどんみたいだ。最後の楽しみは竹輪しかない。だけど、薄くてどこにあるのかもわからない。

ようやく丼にへばり付いているのを発見する。そこで冒頭のセリフだ。口に入れたらトロリと溶けた。竹輪でなく、竹輪麩だったのだ。

竹輪は魚のすり身を材料に、竹の棒に巻き付けて焼いたもの。竹輪麩は小麦粉と水とグルテンを型にはめて茹でた麩もどきである。

麩の歴史は、奈良時代に中国から精進料理として伝わった。安土桃山時代に、千利休《せんのりきゅう》が焼いた「焼き麩」を茶菓子として用いた。江戸中期に、麩に餅粉をまぜた生麩が出来て、料理に用いられるようになり庶民も食すようになった。そこから、椀物に入れる麩だとか、そばやおでんの具として竹輪麩なんかも用いられるようになったのだろう。

現代では竹輪麩のほうが値が高いかもしれないが、昔は当然、魚のすり身の竹輪のほうが高かったろう。それに食感が違う。シャキシャキしている竹輪に比べ、竹輪麩は所詮小麦粉、ニチャニチャして柔らかい。《時そば》の主人公が「病人の食いものだ」とはよくいったものだ。

せっかくだから、病人食に付いて少しだけ述べよう。日本人の病人食といえば、お粥だろう。喉ごしがよく、消化によいというのが何よりありがたい。病気の重さに応じて、全粥、七分粥、五分粥、三分粥、重湯などに分けられる。米の飯は活力源として病人にとっても必要であった。

おかずは沢庵というわけにはいかない。栄養という意味ではたんぱく源とビタミンBが豊富な卵、食べるのに負担にならない鰹節、また殺菌や解毒の意味では梅干しもよく用いられた。

現代では、流動食でも野菜スープやオートミール、ヨーグルト、あるいは牛乳で炊いたお粥なんかも用いられるが、やはり病気になったら米のお粥だろう。

子供の頃はバナナやリンゴ、プリンがうれしかった。

江戸時代でも苦い薬の口直しに、菓子を食すこともあった。この場合の菓子は、饅頭や羊羹よりも砂糖なんかのほうがよかったのだろう。

浪曲や講談ネタの「野狐三次《のぎつねさんじ》(1)」や「祐天吉松《ゆうてんきちまつ》(2)」では、親孝行の子供が病気の母親のために、自分がもらった菓子を食べずに、苦い薬の口直しにと持って帰るという場面があり、涙を誘う。

病気という苦難と、それを助けようと必死になる家族。小さな子供でも、自分が家族のために出来る最善を尽くす。たとえ菓子一個でも物語になるのだ。

（1）「野狐三次」…講談の演目。大工の政五郎が拾った赤ん坊の三次が長じて、に組の纏持ちになる。野狐のうぶ着にくるまれていたところから背中に野狐の刺青を入れ、「野狐三次」を名乗る。ある事件に巻き込まれたことから、三次の父はお奉行様だったことが知れる。

（2）「祐天吉松」…講談の演目。祐天上人が累の怨霊を解脱させた図を刺青にした悪党・祐天吉松は、商家の娘に見初められて婿となり、悪の道から足を洗う。しかし卑怯な悪党仲間のため、吉松は妻子舅を捨てて故郷を売る（裏切って出奔する）。吉松の留守中、悪党たちは舅一家を惨殺する。妻子は難を逃れるが、家と家族を失い極貧の生活に落ちてしまう。数年後、江戸に戻った吉松は飛鳥山で瓦を売る我が子と再会する。

《時そば》
「に」参照。

こ 鯉の洗い

《青菜《あおな》》

季節のものをおいしく食べる。これに勝る贅沢はない。

《青菜》という落語の前半は夏のある日、お屋敷の旦那ののんびりした午後の風景を描く。植木屋に酒肴をふるまい、世間話などする旦那。

酒は「やなぎかげ」。上方の友人にもらったものだという。関東では「なおし」という、甘口の焼酎だ。

肴は鯉の洗い。「洗い」とは冷水で魚肉の身を締めた料理のこと。氷を敷いた器に、綺麗に盛られた鯉の洗いは見ているだけで涼しさを運ぶ。淡白な味わい、コリコリした食感は口当たりのいい酒によくあう。たぶん醤油でなく、酢味噌かなんかで食べるのだろう。甘酸っぱさもまた口の中に涼を運ぶ。

綺麗に手入れをされて水の撒かれた庭からは、涼しい風が吹いてくる。夏の暑さも、料理や庭で楽しみに変えてしまうのが金の力だ。

「植木屋さん、菜をおあがりかい？」

「へえ、いただきます」

ところが、屋敷の台所では菜を切らしていた。奥方が隠し言葉でそれを旦那に伝える。この様子が実に格好いい。植木屋は感心して、早速家に帰ってまねしてみようと思う。

後半、お屋敷とはうって代わって、うだるような暑さの長屋。風なんか通らない。掃きだめを抜けてかろうじて吹き込んでくるよどんだ空気、団扇であおいだって、なまあたたかい風が顔に当たるという程度。きっと蚊柱なんかも立っているんだろう。

酒は当たり前の日本酒。肴は鰯の塩焼きだ。しかし、それでもお屋敷の雰囲気だけでもまねてみようという植木屋が滑稽に描かれる。

ばかばかしい面倒くさいと思いながらも、亭主のいうとおりに行動する女房が健気。次の間なんかないから押入れに入って汗だくになり、お屋敷の隠し言葉を覚える。そこへ、大工の友達がやって来る。


「植木屋さん、やなぎかげをおあがり」

「植木屋はお前だよ。俺は大工だよ。どうしたんだよ。やなぎかげ？（酒を飲み）当たり前の酒じゃないか」

「やなぎかげだと思っておあがり」

「飲ましてもらえるんだ。贅沢はいわねえよ」

「植木屋さん、鯉の洗いをおあがり」

「だから、植木屋はお前だっていうの。鯉の洗いなんかないじゃないか。鰯の塩焼きだよ」

「鯉の洗いだと思っておあがり」


どう考えても、鰯の塩焼きは鯉の洗いには思えない。逆に、鰯のほうが脂がのっていてうまい。

「付け焼刃ははげやすい」。結局、お屋敷の隠し言葉の見立ては失敗する。

長屋には長屋の夏の過ごし方がある。湯上がりの浴衣に団扇、蚊やり火焚いて、夕涼み。当たり前の酒に旬の青菜というのもまた味わい深いものがある。

《青菜》

植木屋がお屋敷の旦那にごちそうになる。鯉の洗いに、上方のやなぎかげという酒。なんとも優雅なひととき。旦那は菜をすすめるが、あいにく台所では菜を切らしていた。それを奥様が隠し言葉でさりげなく伝える。その様子があまりにも粋に思えた植木屋、家に帰って女房にまねをさせる。他人がやったことをまねて失敗するのは、落語に一番多いパターン。

夏の上流階級の風情を垣間見る一席で、五代目柳家小さんが得意にしていた。夏場によく演じられる。

え

えぼえぼ坊主のすっぱ漬け

《棒鱈《ぼうだら》》

「えぼえぼ坊主のすっぱ漬け」とは「酢蛸」のこと。ほかにも、刺身を「赤べろべろの醤油漬け」という。揚げ句に、「十二ヶ月」「もずの嘴」なる摩訶不思議な歌を歌いだす。この人物は《棒鱈》という落語に登場する。主人公たちが料理屋で酒を飲んでいると、隣座敷から武士の奇妙な言葉が聞こえてきたのだ。

江戸には純粋な江戸っ子よりも、地方から出てきた人間のほうが圧倒的に多かった。「越後の米搗き」「信濃の飯炊き」といわれるような出稼ぎの奉公人、江戸へ出て一旗揚げようとやって来る若者、そうした労働人口がまずひとつ。彼らのなかには適当に銭を稼いで故郷へ帰っていく者もいれば、江戸に同化して、いつしか江戸っ子として暮らしていく者もいる。

もうひとつ、江戸の人口で多かったのが武士だ。徳川家に仕える直参の旗本、御家人のほか、三百諸侯と呼ばれる大名の屋敷が江戸にあった。

幕府のシステムとして行われた参勤交代。大名は反乱などを起こせぬようにと、一年おきに故郷と江戸とを往復させせられた。大名が江戸へ出てくればその供として多くの家臣が付き従い、一年の間、江戸に単身赴任をする。

江戸の町の人口比は武士と町人が半々。しかし、江戸城を中心に大名屋敷、旗本、御家人の屋敷と、武士の住居の面積が七割以上、ほかに寺社が若干あって、町人の居住地は二割程度であった。世の中がすべて武士中心であり、武士の生活のサポートのために、商人、職人といった町人が存在したのだから、町人は武士のついでに生きていたようなものだ。

落語のマクラで、「往来の七分を武士が歩き、残り三分を農工商が歩いた」なんていうのがあるが、実際の江戸の町がそういう町であった。

それは一方で、消費者である武士と、生産者・販売者である町人の世界といえよう。武士は金を使うだけ。当然、富の移動があり、江戸時代も後期になると経済の大きな動きがみられる。それまで武士のサポートのために存在した町人が消費者の側にまわることで、新しい文化が生まれていった。

武士は知行や俸禄をもらって幕府や大名、旗本などに仕えていた。たとえば「二百石の知行」というのは、二百石の米が生産される土地を大名や幕府から与えられているということで、五公五民という徴税のルールから、半分の百石の米がその武士の収入になる。もっとも、百石のうちから自分の家来に俸禄を支払ったり、屋敷や知行地の経営にかかる諸経費を負担しなければならなかった。

武士は本来、戦闘員であるから、日常の業務とは別に、非常時のときの兵士として郎党を養っていなくてはならなかったから大変だ。百石なら百石、千石なら千石の兵士を養い、それなりの暮らしをせねばならなかった。

武士の給料は業務が変わってもだいたい同じである。若干の役料や加増がないとはいわないが、太平の世の中、武勲を立てるチャンスもないから、先祖から受け継いだ知行でそのまま生活しなくてはならない。インフレが起こっては武士の生活が立ち行かないのだ。

ともかく江戸の暮らしは厳しい。故郷よりも物価が高い。参勤交代の供で江戸へ来るというのは、武士にとっては過酷な経済負担を負うことになった。

だから、たまには息抜きで、えぼえぼ坊主のすっぱ漬けに赤べろべろの醤油漬けを肴に酒でも飲み、故郷の歌を歌いたくなる気持ちもわからぬではない。

《棒鱈》

二人の男が料理屋で飲んでいると、隣座敷から騒ぎが聞こえる。どうやら田舎侍が芸者をはべらせて飲んでいるようだ。侍は「十二ヶ月」だとか「もずの嘴」だとか、わけのわからない歌を歌う。江戸っ子はとうとう腹を立てて、暴言を吐く。侍は「無礼者め」と怒り、けんかになる。

田舎侍が珍妙で愉快。五代目柳家小さんが得意にしていた。現在も寄席などでたまに演じられる。

て 天ぷら
《食《た》べる女《おんな》》

天ぷらも、そば、寿司、鰻と並んで、江戸の外食産業として人気があった。

天ぷらの起源は奈良時代に認められ、鎌倉時代の精進料理にも、魚介や野菜を揚げて出したものはあったが、現在の天ぷらに近いものとして登場するのは、江戸初期の長崎だ。西洋人からもたらされたものだろう。

語源は、ポルトガル語で料理するという「テンペラ」、スペイン語で寺の意味の「テンプル」、神に感謝する日で鳥獣を食べずに魚肉の揚げ物を食べる日の「テンポロ」、天竺浪人がふらりとやって来て揚げ物屋を始めたので「天ふら」と山東京伝《さんとうきょうでん》が命名したなど、諸説ある。ちなみに天竺浪人とはインドの浪人のことでなく、出所不明の浪人の意味だ。

寿司やそばと同様、屋台で売られ、ひとつ四文と安価。江戸湾の新鮮な魚介、穴子、芝えび、貝柱、コハダなどに水で溶いた小麦粉を付け、熱した油で揚げた。串に刺して揚げたものを大皿に盛って出し、客は好きなものをとってタレを付けて食べた。醤油の普及で天つゆが工夫されたのも、天ぷらの流行に一役買ったのだろう。

屋台で人気の天ぷらだが、寿司と同様、江戸後期には、屋台で食べる庶民の食べ物と、料理屋の高級料理とに分かれる。また、店舗営業のそば屋で、天ぷらそばやかき揚げなども出されるようになった。

さて、天ぷらの出てくる落語は、寿司同様にごちそうの一例として名前が挙がるくらいで、あまり見当たらない。

拙作にひとつあった。川柳《かわやなぎ》つくし(1)、柳家喬之助《やなぎやきょうのすけ》(2)らが演じた《食べる女》。結婚式で九号のドレスを着たいと願う女性がダイエットを始めるネタで、高級天ぷら店で婚約者と天ぷらのうんちくを語りながら食事をするというシーンが出てくる。

ダイエットの話題が出たので、ダイエットに付いて少しふれておこう。現在、ダイエットの方法は百種類以上もあるそうだ。しかし、基本的には「食べない」と「運動をする」につきる。

「食べない」といっても、断食をするわけではない。低カロリーの食事をいかにとるかが肝心である。低カロリーダイエットは一九三〇年代にアメリカで起こった。しかし、ビタミンなどの栄養素が発見される前だったので、からだへの悪影響こそないが大した効果が表れず、五〇年代になると「食べない」を基本にしたゼロカロリーダイエットが主流となった。しかし、ゼロカロリーは危険で、とうとう死者まで出た。

健康のためのダイエットで死んだら、洒落にならない。低カロリーダイエットの研究が実を結ぶのは七〇年代になってから。たんぱく質、炭水化物、ビタミン、ミネラル、脂質などをバランスよく摂取しつつ、カロリーを抑える栄養食品が開発され始めた。《食べる女》の主人公は、朝は卵の白身だけ。昼はりんご半分、夜は何も付けないパン一枚の生活を続け、ノイローゼになる。

「食べちゃいけないのよ、食べなきゃいいのよ。食べちゃいけないなら……、飲むのはいいのよ」

いや、飲むのが一番いけない。酒は高カロリーなのだ。何事も過ぎたるは及ばざるがごとし。ダイエットが生活の妨げになるようではいけない。大食いや食いだめも逆によくない。何事もほどほどが肝心ということだろう。

（1）川柳つくし…女流落語家。平成九（一九九七）年に川柳川柳に入門。平成二十五（二〇一三）年、真打。
（2）柳家喬之助…昭和四十六（一九七一）年〜。落語家。平成五（一九九三）年に柳家さん喬に入門。平成十九（二〇〇七）年、真打。

《食べる女》
結婚式に九号のドレスが着たいという女がダイエットに挑むが、過酷なダイエットのため、とうとうノイローゼになってしまう。馬鹿な女と思いきや、実は結構したたかな女のハッピーエンドな物語。稲田和浩作の新作落語。結婚情報誌を本屋で立ち読みして作ったネタである。川柳つくし、柳家喬之助らが演じた。稲田の新作落語には他に《一ツ家公園早朝ラブストーリー》《あいぼれ》《あげてのすえの》《年季が明けたら》《元禄淫乱》《訪問者》《恋する女》《あら所帯》などがある。

お江戸こぼればなし　陸

鰻屋

鰻もファストフードのひとつであったが、早くから店舗を構えて、料理としての鰻を出す店は多かった。

店舗の鰻屋は、《素人鰻》でも《鰻の幇間》そうだが、店に入ると生簀があり鰻が泳いでいる。客は鰻を見て料理人に、「この鰻を料理してくれ」と注文する。自分たちが食べる鰻を選べるのが鰻屋の醍醐味でもある。

そうして客は二階の座敷に上がる。《鰻の幇間》で幇間がいうように、「鰻屋の二階なんてえのは女の子でも連れて来ようってところだよ」、だから、それなりにお洒落な場所でないといけない。鰻は焼くのに時間も掛かる。女の子を連れて来て口説こうなどという了見の男にとっては、なかなか鰻が焼けてこないほうがいい場合もある。鰻屋も気を利かせて、鰻が焼けてもしばらく座敷の前で待っていたりもするものだった。

鰻は庶民にとってはご馳走だったから、白焼きで一杯飲んだり、蒲焼で鰻重を食べたり、いろんな楽しみ方があったのだろう。

あ

アイスクリーム

《かんしゃく》

《かんしゃく》という落語がある。

時は明治時代、ある上流階級の家庭。旦那様は神経質な性格で、気に入らないことがあると怒鳴ってばかり。というより、家人や使用人のミスをわざと探して怒鳴っている。とうとう奥様は耐えられず、実家に帰ってしまう。実家の父親は「ここはお前の家ではない」といい、「旦那のかんしゃくの虫を治めるのが妻の役割」と悟して娘を追い返す。

ここで奥様が旧知の俥引きと出会えば樋口一葉《ひぐちいちよう》の「十三夜」だが、俥引きは出てこない。奥様は家に戻ると、完璧主婦をめざす。家の中に何も落ち度がなく、帰宅した旦那様は……。

この落語は明治時代に作られた新作落語である。作者は益田太郎冠者《ますだたろうかじゃ》という人。三井物産の礎を築いた益田孝《たかし》の長男。明治八（一八七五）年生まれ。太郎冠者はもちろんペンネームで、本名は益田太郎。

夏目漱石《なつめそうせき》よりも一足早くヨーロッパに留学したものの、勉強そっちのけでパリのムーランルージュなどで遊びまわる。たぶん日本初の国際的寄席通だ。ヨーロッパの喜劇や寄席芸、ショービジネスを覚えて帰国。銀行員を経て、企業の重役を務めながらも、ヨーロッパの演劇に精通しているところを買われて、芝居茶屋制度のない本格西洋式劇場の第一号、帝国劇場の設立に参加し芸術監督となる。

文化事業に財産を費やし、道楽の限りを尽くし、自身で芝居を書いて演出をし、女優と浮名を流し、落語も書いた。それで七十七歳まで生きたというから、そういう人生もあるのだ。お大尽の道楽でなく、喜劇作家と実業家という二つの顔をもつ男だったらしい。代表作は何かと聞かれても困るが、ほらあれ、「コロッケの唄」の作詞が太郎冠者である。

《かんしゃく》の話に戻ろう。かんしゃく持ちの旦那様は、自家用の自動車で通勤をしている。明治時代に自家用の自動車で通勤というシチュエーションは、太郎冠者以外では考えられない設定だろう。《かんしゃく》の旦那様は、実際にかんしゃく持ちだった太郎冠者の父親がモデルだという説もある。

家には扇風機があり、旦那様の好物はアイスクリーム。個人の家に冷蔵庫などない時代に、家でアイスクリームを食べていたのである。明治の華族様の御曹司はやることのケタが違うのだ。

日本で初めてアイスクリームが食されたのは明治二（一八六九）年、横浜だった。氷と塩で製造された「アイスクリン」（昭和の初め頃までそう呼ばれた）の値段は二分だったというから、とてつもなく高価（二分は一両の半分で、納豆なら約五百個買えた）。最初の頃は外国人しか食べず、ほとんどの日本人は素通りであったという。

明治三十三（一九〇〇）年、資生堂がレモン風味で卵を用いたフランス風のアイスクリームを売り出し銀座の名物になるのだが、その頃でもまだまだ高級品。ちなみに資生堂のアイスクリームは二十五銭だった。

大正時代にはカフェで、モガ（モダンガール）、モボ（モダンボーイ）に愛されたアイスクリームも、昭和になって工場で大量生産されるようになり、大衆化されていく。手でハンドルをぐるぐる回しながら、「冷たいの、召してらっせぃ」と浅草の境内などで売られたアイスクリンが一杯五銭だから、かなり庶民の食べ物になっていったのがわかる。

高輪のお屋敷でしか食べることの出来なかったアイスクリームは、今や庶民のデザートとして、夏の日に甘く冷たい午後のひとときを楽しませてくれる。

《かんしゃく》

ある上流階級の旦那様。怒りっぽい性格で、家の使用人の落ち度を見付けては怒鳴りちらしている。奥様は耐えられず、実家に帰ってしまう。だが実父は「お前の帰る家はここではない」と悟す。家へ戻った奥様は完璧主婦となって家に何ひとつの落ち度がないようにしたので、今度は旦那様は怒るネタがなくなり困ってしまう。

益田太郎冠者作の明治時代の新作落語。八代目桂文楽が演じていた。柳家小三治、柳家小満んらのほか、若手でも演じている人がいる。

さ

刺身

《棒鱈《ぼうだら》》

魚を生のまま食べるのは、人類の起源と同時に始まったといってもかまわないが、料理としての「刺身」が花開くのは、江戸時代に入ってからである。

それまでの関西中心の文化では、川魚を食べることはあっても、あまり海の魚は食されていなかった。それが江戸に幕府が開かれ、江戸湾の新鮮な魚がいつでも手に入るようになり、刺身が食卓に上るようになったのだ。

とはいえ、鮪が刺身の王様になったのは冷凍技術が発達した近年のこと。江戸時代は、近海鮪の赤身を醤油漬けにして食べていた。今、我々が思わず目の色を変えてしまうトロは、俗に「猫またぎ」といわれたそうだ。需要がなくて誰も食べないからそこらへんに捨ててあり、猫すら見向きもしないでまたいで通った。

刺身の普及の功労者はなんといっても醤油だろう。ちなみに醤油が登場する前は、生姜酢や辛子酢などで生魚を食べていたようだ。

醤油のルーツは中国にある。日本に伝わったのは、奈良時代とも鎌倉時代ともいわれているし、縄文時代から醤油のようなものを調味料として使っていたであろうという考古学的な資料も出てきているという。鎌倉時代に、金山寺味噌の製法を伝えた覚心《かくしん》(1)が、味噌の樽の底にたまった醤油状の汁に野菜をつけて食したという話がある。

醤油のようなものは昔からあったが、今日の大豆を原料とした醤油が本格的に製造されるようになったのは江戸時代になってからだ。始まりは関西で、江戸に運ばれた醤油は「下り醤油」と呼ばれ、たいへんに高価であった。

利根川が整備され、関東での物資の輸送が盛んに行われるようになった江戸中期に、関東各地で醤油の生産が行われるようになった。野田や銚子では、関西の薄口醤油とは異なる濃い口の醤油が作られるようになり、たちまち江戸っ子の人気となる。

今は醤油は調味料の部類だが、当時はおかずとしても醤油が用いられた。あまりおかずを食べずにご飯を食べる江戸っ子には、辛くて香ばしい醤油だけで立派なおかずになったのだろう。

醤油の登場が寿司や刺身、天ぷら、鰻などの普及にどれだけ影響を与えたことだろうか。独特の醤油の味は今日では、日本を代表する味として世界中を駆け回っている。醤油の普及のおかげで、江戸っ子に好まれた刺身。

《棒鱈》の田舎侍も「赤べろべろの醤油漬け」と、刺身には醤油をすすめている。さて、刺身には醤油以外に何を付けたらいいか。

「お前、好物はなんだい?」
「刺身」
「刺身とはオツだねえ、山葵をきかせて醤油を付けて……」
「いや、ジャム付けて」

そんな奴はいないが、これはよく使われる落語のネタのひとつ。やはり刺身といえば醤油以外は考えられない。

(1)覚心…承元元(一二〇七)年~永仁六(一二九八)年。鎌倉時代の僧侶。高野山にて真言密教を学び、宋に渡り禅宗を学ぶ。帰国後、紀州にて布教を行う。一説に金山寺味噌を伝えたとされ、また尺八を愛し、普化宗の祖ともいわれている。

《棒鱈》

「え」参照

き

胡瓜のこうこ

《鰻屋《うなぎや》》

《鰻屋》という落語がある。もともとは《素人鰻《しろうとうなぎ》》または《士族《しぞく》の商法《しょうほう》》という噺で、明治になり武士をやめた旗本の殿様が鰻屋を始めて失敗するというネタだ。それはそれで演じる人はいる一方、鰻をつかんだりするおもしろい部分だけをふくらませたのが、《鰻屋》のタイトルで演じられる噺。

金がないけれど酒が飲みたい二人。一人があることを提案する。その男、数日前に金があったのである鰻屋へ入り、鰻と酒を注文して二階へ。酒と胡瓜のこうこ（漬け物）は出てくるが、いつまでたっても鰻が出てこない。

「鰻はまだか」と怒ったら、「ただ今、鰻裂きの職人が留守にしてまして、鰻が出せません。酒と胡瓜の勘定は結構ですから、お引き取りください」といわれたのだという。

「今、その店の前通ったら、どうやらまた鰻裂きの職人がいないみたいなんだよ。だから、お前と二人で行って、胡瓜のこうこで酒飲もうというんだよ」

って、悪い奴がいたものだ。

さて、鰻も寿司やそば、天ぷらと並んで江戸っ子に好まれた外食産業。

江戸は深川などに生活用水があり、そこで活きのいい鰻が捕れた。江戸前の鰻は、本当に江戸産の鰻だったのだ。

江戸の蒲焼は、鰻の背を裂いて白焼きにし、串に刺してタレを付けて焼く。関西では腹を裂いたが、武士の町である江戸では、腹を裂くのは切腹に通じるから縁起が悪いと、背開きになったそうだ。

「土用丑日鰻食うべし」というキャッチコピーで、夏場に鰻を売り出したのは平《ひら》賀《が》源《げん》内《ない》といわれているが、源内がこういう前から、滋養強壮の効果が高い鰻は夏場に食されていたようだ。しかし、源内がキャッチコピーを作るほど、鰻業界も宣伝には力を入れていたということだろう。源内のおかげをもって、現代でも土用の丑の日になると鰻屋の前に行列が出来ている。

ちなみに鰻の値段は、源内の時代で十六～二百文と大きな差があった。鰻の太り具合や、店のタレの味などによる差だという。鰻丼や鰻重が登場したのも、そのすぐ後の文化（一八〇四～一八）の頃らしい。

鰻は裂いて蒸して焼いてと、注文してから卓に届けられるまでに時間がかかるもの。出来るまでの間は酒を飲んでつなぐしかないのだが、そのときの肴は何がいいか。あとから鰻を食べるのだから、あまりこってりしたものは食べたくない。

やはり、胡瓜のこうこが一番あうのかもしれない。付けあわせとしても胡瓜がよい。こってりと脂ののった鰻には、さっぱり系がいい。

同じ胡瓜でも梅じそ風味のシバ漬けはだめなんだろうな。俗に「鰻と梅干しは食べあわせが悪い」といわれているが、どうやらこれは嘘らしい。

昔から土用丑の日には、暑気払い、暑さ負けを防ぐために「う」の付くものを食べるとよいといわれていた。すなわち、鰻、梅干し、瓜、うどんなど。で、逆にそれらを複合して食べるのはよくないんじゃなかろうかという話らしい。私は食べていないから知らないが。

《鰻屋》

酒を飲みたい男が二人。しかし、銭がない。一人が以前行った鰻屋で、たまたま鰻裂きの職人が不在で鰻が食べられず、代わりに無料で酒が飲めた話をし、今日も鰻裂き職人が不在のようだから、その店で酒を飲もうと誘う。行ってみると案の定、職人はいない。主人は意地になって鰻を裂こうとするが、素人なので鰻をつかむことすら出来ない。

《士族の商法》という落語の、鰻と格闘するおもしろい部分をふくらませたネタ。聞かせどころは、鰻をつかむ仕草など。

ゆ

ゆで卵

《長屋《ながや》の花見《はなみ》》《[講談]天保六花撰《てんぽうろっかせん》》

江戸時代はもちろん、最近でも昭和三十年代くらいまで卵は高級品であった。沢庵を卵焼きに、大根のこうこ（漬け物）を蒲鉾に見立てて花見に行く、ご存じ《長屋の花見》では、花見の場所を決める場面でこんなやりとりがある。


「山の上の方にしよう。眺めがいいぞ」

「大家さん、下の方にしましょうよ」

「どうしてだ?」

「上の方でホンモノ食べてるでしょう。ひょっとしたら、ゆで卵かなんか、ころがってくるかもしれない」

「ゆで卵がころがって来たらどうするんだ？」
「拾って皮むいて食べる」

ゆで卵がころがってくるという棚から牡丹餅的なことは、ないとは限らない。わずかなチャンスに賭けるため、山の下に陣を敷くとは、諸葛孔明《しょかつこうめい》も気が付くまい……。って、たかがゆで卵のために山の下に場所をとらねばならない、下層階級はいつまでたっても下層階級ってことか。寂しい話だなぁ。

それじゃあ、景気のいいところで、講談ネタだが、ゆで卵一個で何十両と儲けた人の話を紹介しよう。

講談《天保六花撰》より。河内山宗俊《こうちやまそうしゅん》(1)がゆで卵を一個懐に入れて乾物屋へ行く。卵のカゴにひょいと手をのばした宗俊が卵一個万引きするのを、乾物屋の番頭が見逃さなかった。当時は卵は高級品だ。「この野郎！」と、若い者四、五人で宗俊を捕まえる。

「俺が何をしたというんだ」という宗俊に、
「卵を盗んだろう」と番頭。

「いいや、盗んでない」「盗んだ」「盗んでない」……

「動かぬ証拠はこれだ」番頭が宗俊の懐に手を入れて、卵を取り出す。

ニッコリ笑った宗俊が、

「お前のところではゆで卵を売っているのかい?」

万引はまねだけで、懐の中にあるのは宗俊が家から持ってきたゆで卵。

さぁ、万引の冤罪だ。どうするね、番頭さん。店の主人が出てきて平謝り、お詫びにと何十両もの金を包む。ゆで卵一個で大儲けって、それって詐欺、というか恐喝でしょう。

この河内山宗俊は実在の人物である。江戸城の茶坊主で、幕府の要職の人たちとも親しい。というかスキャンダルをにぎっている。で、大名や大商人相手に、詐欺や恐喝を繰り返す。

宮様の使者に化けて雲州松江侯をだます話は、「天衣紛上野初花《くもにまごううえののはつはな》(2)」として歌舞伎でも有名だが、もともとは講談ネタ。幕末から明治に活躍した二代目 松林伯円《しょうりんはくえん》(3)が創作した。

《天保六花撰》は、宗俊のほかに、御家人崩れの色男、直侍こと片岡直次郎《かたおかなおじろう》、吉原大口屋遊女の三千歳《みちとせ》、盗賊の金子市之丞《かねこいちのじょう》、板前くずれの暗闇《くらやみ》の丑松《うしまつ》、海賊の森田屋清蔵《もりたやせいぞう》の六人が活躍する物語。で、最後、宗俊は御三家水戸藩を恐喝し暗殺されてしまう。まぁ、ゆで卵とはあんまり関係なかったけど。

（1）河内山宗俊…文化・文政の頃の悪党。本名は宗春で、講談や歌舞伎では宗俊。お数寄屋坊主の地位を利用し、恐喝などを繰り返した。水戸藩の影富（違法富くじ）をゆすった罪で捕らわれ、牢内で毒殺された。のちに二代目松林伯円が宗春に取材し、講談「天保六花撰」を書いた。歌舞伎のほか、映画「河内山宗俊」（山中貞雄監督、河原崎長十郎、中村翫右衛門主演、昭和十一年）、テレビ「痛快！　河内山宗俊」（勝新太郎主演、昭和五十～昭和五十一年）などがある。

（2）「天衣紛上野初花」…歌舞伎の演題。河竹黙阿弥作。講談「天保六花撰」をもとに、河内山宗俊が雲州（現島根県）松江侯をゆする件と、直侍と花魁三千歳の悲恋を描いた。「悪に強きは善にもと」などの名セリフが有名。

（3）二代目松林伯円…天保二（一八三一）年～明治三十八（一九〇五）年。講談師。「天保六花撰」「ねずみ小僧」など盗賊や悪党を描いた講談作品を多数創作し、口演。「泥棒伯円」とも称された。伯円の作品は歌舞伎などでも上演され、人気を博した。落語の三遊亭圓朝と同時代を生き、講談中興の祖とされる。

《長屋の花見》

「た」参照

《［講談］天保六花撰》

天保時代の悪党、河内山宗俊らを描く長編講談である。二代目松林伯円作。河内山宗俊の話は歌舞伎や映画でもおなじみ。

また、登場人物の一人を主人公にした長谷川伸作「暗闇の丑松」は、板前の男の転落人生を描いた悲劇として舞台化されている。

め

目黒のさんま

《目黒《めぐろ》のさんま》《さんま火事《かじ》》

落語でさんまといえば《目黒のさんま》だろう。

さる藩のお殿様、武術鍛錬のため目黒あたりまで遠乗りに出かける。時分になり空腹を訴える殿様、供はあいにくと弁当の用意をしていなかった。そこへ近所の民家で焼いているさんまの匂いが……。

「なんの匂いじゃ?」
「下々の食すさんまと申す下魚《げうお》にございます」
「苦しゅうない、余は食す。求めてまいれ」

殿様の前に差し出されたさんまは、旬の脂ののった焼き立て。これがまずいはずはない。殿様、さんまの味が忘れられなくなってしまう。

しばらくして、さんまを食す機会に恵まれたが、ご家来衆が殿に脂ののったさんまなど出してはいけないと、脂抜きをして骨も全部取って、つみれにして吸い物の実にして出した。食してみて、かすかにさんまの味はすれど、脂もなにもないただのつみれ。これには殿様は驚いた。

「これ、このさんまはいずれより求めたか?」

「日本橋魚河岸にて求めました」

「それはいかん、さんまは目黒に限る」

目黒に海はない。なのに殿様は、さんまが目黒の名産だと思っている。殿様の世間知らずを笑う噺である。しかし、この落語のおかげで、今でも目黒といえばさんまを思い浮かべる人は多い。当節、目黒といえばトンカツなのに。

さて、江戸っ子が焼き魚を食べるようになったのは、江戸も後期、七輪が出来てからだ。長屋には米を炊く竈はあったが、そのほかの煮炊きをする道具がなかった。あまり、おかずを食さない江戸っ子には不用であったが、それでも七輪の登場は彼らの食生活をかなり豊かにしたに違いない。

狭い家でも置き場に困らぬ。種火を入れて団扇であおげばすぐに火が熾せる。あとは魚や野菜を焼いたり、湯を沸かしたり、なんだって出来るのだ。

さて、さんまの落語をもうひとつ。《さんま火事》は江戸か明治の頃が舞台だが、昭和になって作られた新作落語。初代の林家正楽《はやしやしょうらく》(1)作だ。

因業な大家をこらしめてやろうと考えた長屋の連中、大家の家の裏に集まって、皆して七輪でさんまを焼く。大家はさんまの煙に、すわ火事かと驚いて大あわて。あわてふためいて茶碗や皿でも割ったら、いい気味だと笑ってやろうという悪い奴らだ。

火事の多い江戸時代だが、財産なんてない長屋の連中には、火事はさほど怖いものではなかった。命さえ助かればいいのである。ところが、なまじ財産のある者にとってはこんなに恐ろしいものはない。無産者から有産者への抵抗であるが、実は大家さんの方が上手だったというのが落ち。

いたずらをするよりも、七輪で魚や野菜を焼いて、おいしい生活を送ったほうが幸福になれるということか。

（1）初代林家正楽…明治二十九（一八九六）年～昭和四十一（一九六六）年。紙切り芸人。ほかに新作落語を多数創作。代表作は《さんま火事《かじ》》《峠《とうげ》の茶屋《ちゃや》》など。

《目黒のさんま》

さる藩の殿様、武術鍛錬のため目黒界隈に遠乗りに行く。空腹を覚えるが、供侍に弁当の用意はない。そこで近所の農家でさんまを求めて食するに、旬の焼きたてのさんまはなんとも美味。屋敷に戻っても殿様はさんまの味が忘れられない。殿様と下々とのギャップを描いたネタも落語には多い。わがままだが探究心旺盛な殿様というキャラクターも落語の世界には欠くことが出来ない。秋になるとよく聞かれる落語のひとつである。

《さんま火事》

因業な大家に一泡ふかせてやろうと考えた長屋の連中。さんまを焼いて、「火事だ、火事だ」と騒いで大家を驚かせようとする。あわてた大家が茶碗なんか割って困るだろうという、なんともセコないたずらを考えたものだが、「火事だ、火事だ」と騒いでも大家の家は騒ぐ気配もない。なんでだろうと大家の家をのぞいてみたら、家族一同がさんまの煙をおかずにご飯を食べていた。

初代林家正楽作の新作落語。

み

みかん
《千両《せんりょう》みかん》

紀伊国屋文左衛門《きのくにやぶんざえもん》が嵐の中、船にみかんを積んで江戸へ運んだのは、江戸の中頃のことである。

浪曲や講談、その他説話だと、江戸では鍛冶屋のふいご祭に、みかんを屋根から撒くという風習があった。時化で船が出せないために、肝心のみかんが紀州から運ばれてこないので、江戸の人たちはたいへんに困っていた。そこで男気の紀伊国屋文左衛門、江戸の人たちにみかんを食べてもらいたいと、命を賭けて時化の海へと船を出した。ときに紀州で安いみかんが江戸では高値、それで文左衛門は財をなしたというが、実際には火事の多い江戸へ駿河あたりから材木を運んで、巨万の富を築いたらしい。

柳沢吉保《やなぎさわよしやす》や勘定奉行の荻原重秀《おぎわらしげひで》に賄賂を贈り、幕府の御用商人となったのだから、時代劇によく出てくる「越後屋、おぬしも悪よのう……」の世界とあまり変わらない。

吉原を買いきりにして豪遊したなどという逸話が、文左衛門の豪傑的なイメージを作りあげ、みかん船のエピソードになったのではなかろうか。

浪曲の「紀伊国屋文左衛門」は、関西の梅中軒鶯童《ばいちゅうけんおうどう》が有名。小椋佳《おぐらけい》が浪曲や琵琶歌、民謡、長唄など日本の声を用いたミュージカル「ぶんざ」をヒットさせ、浪曲では東家浦太郎《あずまやうらたろう》(1)らが出演した。

ちなみに、文左衛門の頃のみかんは皮の堅い、現在の夏みかんのようなものだったらしい。当時は食べ物というよりも薬の一種で、みかんの皮を干してすりつぶした陳皮として用いられていた。ほら、七色唐辛子に入っているあれだ。ほかには料理の薬味や、それこそ入浴剤として風呂に入れたりして用いられた。今日の小さくてやわらかい温州みかんが紀州で作られるのは、文化・文政(一八〇四～三〇)の頃である。

さて、落語に出てくるのは《千両みかん》。

病の若旦那のために、夏の盛りに番頭がみかんを探す噺である。そんな季節にみかんなどあるわけがないが、懸命に探したら一軒だけ、みかんを売っている店があった。神田の「万惣」という果物屋。主人曰く「果物屋ののれんを掲げている以上、ないとはいえない」。そのために蔵を三つ、籾殻で冷蔵庫状態にしてみかんを囲ってあるのだという。

二つの蔵のみかんは全部腐っていた。三つめの蔵に、ただ一個食べられるみかんが残っていた。だが、そのみかんの値段は千両だという。みかん一個はいくらでもないが、そのために毎年毎年、蔵を三つ使っている、その経費が千両。こんな季節にでもみかんがある、万惣ののれん代の「千両みかん」だというのだ。

番頭は驚いて主人に相談に戻るが、「息子の命が千両とは安い」とすぐに千両用意する。そら、人の命は千両より大事かもしれないが、みかん一個の値段が千両とはね。みかんを食べて元気になった若旦那だが、食べ残したみかん三袋が番頭の手の中に。


「来年私はのれん分けだが、旦那は五十両もくれまい。待てよ、ここにみかんが三袋、一袋百両として三百両。ええい、あとは野となれ山となれだ」


そうした価値観の錯覚がおもしろいネタだ。

ちなみに「万惣」は、神田と秋葉原の間に平成二十四（二〇一二）年まであった果物屋。二階喫茶室のホットケーキと、一階で売っているグレープフルーツゼリーがうまかった。

（1）東家浦太郎…昭和十七（一九四二）年～。浪曲師。平成七（一九九五）年二代目東家浦太郎を襲名。声よし節よしで、浪曲界の第一線で活躍している。

《千両みかん》

若旦那が病気になった。番頭が聞いてみるに、「みかんが食べたい」という。季節は夏。みかんなんてありゃしない。しかし、みかんを食べないと若旦那の命にかかわる。番頭は必死で江戸中を走りまわりみかんを探す。やっと一軒、神田の「万惣」にみかんがあったが、値段は千両だという。

金銭の価値観が狂ってしまった男の悲哀を描く一席。サゲがなんとも切ない。ホール落語などでたまに演じられる。

し 猪の肉

《二番煎《にばんせん》じ》

《二番煎じ》という落語がある。

江戸の名物だなんていわれてたって、火事は怖い。とくに財産のある富裕層にとっては何より怖いのが火事。そこで町内の旦那衆が自警団みたいなものを作って、寒い夜中に「火の用心」と町内を巡回する。

当時は番太郎といって、町内の雑役夫みたいな男を雇って番小屋に住まわせ、この男に「火の用心」の巡回も任せていたのだが、老人だったり、職にあぶれて番太郎になった奴だったりするので、どうもあんまり信用出来ない。自分たちの生命と財産を、番太郎なぞには任せておけない。

ふだんは厚着をして寒さなんかを気にしない旦那衆が寒風吹きすさむ深夜、「火の用心」と廻る。寒い。寒くてたまらない。だから、チョーンチョーンと鳴るはずの拍子木が、コツコツとヘンテコな音がする。着物の袖に手を入れたまま拍子木を叩いているのだ。金棒なんか冷たくて、とても持っていられない。

なんとも情けない夜廻りだが、昔道楽して吉原暮らしをしたことがある男が、いい喉で「火の用心」を聞かせたり、旦那衆ならではの夜廻りである。

番小屋に戻る。ごちそうは火鉢の火だけだ。ところが誰かが、寒い時はからだの中から暖めたほうがいいと取り出したのは、瓢箪に入った酒。ほかにも酒を持って来ていた者がいた。そして、別の者は猪の肉と葱を持参、どうせ皆が酒を持ってくるだろうから自分は肴をと、用意のいい奴がいたものだ。番小屋で酒は飲めない。「煎じ薬だ」という言い訳を考え、土瓶に入れて燗までつける。こうして、夜廻りのついでのミニ宴会が始まる。

江戸の富裕町人たちには一種のコミュニティがあった。同じ階層同士の絆とでもいおうか。富裕層同士での助けあい、協同組合みたいなものがあり、「生命と財産を守る」といった共通目的にはすぐに一致団結する。そして、酒と肴があれば、その団結力はいっそう強くなる。これは今も昔も変わらない。

江戸の人々は肉食を常とはしていない。しかし、栄養補給のための薬として、猪や鹿などを食すことはたまにあったようだ（薬食いといっていた）。これがおいしいし、からだは温まる。だんだん料理も工夫され、臭みをとるための肉食用の味噌なども作られ、鍋料理なんかも流行した。富裕層の町人にとってはちょっとした楽しみでもあったのだろう。

仏教で肉食が禁じられていても、日本人は本音と建前の使い分けがうまい。猪を山鯨またはボタン、鹿をモミジ、鶏肉をカシワ、馬肉をサクラなどと呼び、時々は肉食をしていたのだろう。

文化・文政（一八〇四～三〇）の頃には、食肉を扱う「ももんじ屋」が出来る。麹町や両国に多くあったというが、現在でも両国に一軒あり、ショウウィンドーには猪がぶらさがっている。

落語によく出てくる肉食の話では、「近頃、町内の赤犬を見ませんね」などという恐ろしいセリフが出てくる。

明治になり、すぐに牛鍋屋が出来たりして、日本人が肉食を受け入れられたのも、江戸時代から隠れて時折り食べていたからに違いない。

《二番煎じ》

冬の夜、町内の旦那衆が集まって夜廻りをすることになる。一周廻って戻ってくると、誰かが瓢箪に入った酒を出し、別の者が猪の肉を持って来ていた。酒は飲んではいけないが、風邪防止の煎じ薬ならよかろうと、番小屋で酒盛りが始まる。

冬の寒さがひしひしと感じられる落語。冬場になると聞くことが出来る。

お江戸こぼればなし　漆

米屋

米屋にもいろいろある。蔵前あたりには、米蔵が立ち並び、米問屋が多くあった。武士の多くは給料を米でもらっていた。米を直接もらうわけではない。米俵を担いで家に帰るわけにもいかない。

米は幕府や大名から米問屋に送られる。武士は幕府や大名から手形をもらい、米何俵に相当する金銀を受け取った。

米屋で売られる米には、玄米と精米があった。人々は精米された米を食べた。そのために精米する搗き米屋もあった。

江戸っ子は米のご飯を食べるのがステータス。だから、町内に一軒は米屋があった。米屋は注文を受け、各家庭に米を届けた。だから、掛け売りもしてくれた。米を届けているから、町内の人たちの職業や家族構成なんかもよく知っていた。ごく最近まで、葬式や祭りなどでは町内を熟知している米屋の主人、番頭はおおいに活躍をした。米屋の旦那が葬式の受付にいれば、香典泥棒が出ることなどなかった。

ゐ

餌《え(ゑ)さ》

《鷺《さぎ》捕《と》り》《野《の》ざらし》《鰻《うなぎ》の幇間《たいこ》》

人間以外の動物の食事はなんというのだろうか。動物だって、ものを食べて生きている。「餌」という言葉を辞書で引いてみた。「鳥獣虫魚を飼育、あるいは捕らえるために用いる食べ物」とある。餌は動物の食料の総称ではなく、人間が動物などを飼育したり捕らえたりするときの食べ物をいうわけだ。

落語にも狩猟や釣りの出てくるものはいくつかある。与太郎噺の前半でよく出てくるのが、与太郎が「雀を捕らえる方法」を叔父さんに語る場面。

「お米にみりんを浸して撒くんだよ。それ食べるとね、雀が酔っ払っちゃう」

なるほど、ここまではうまいことを考えたものだ。この後、与太郎は南京豆を用意し、雀が酔っ払った頃合いをみて南京豆を撒く。そして、雀がちょうどよい枕が来たと思って寝たところを捕まえようとする。南京豆が雀の枕というメルヘンチックな話であり、落語ならではのばかばかしい話でもある。もちろん、雀は南京豆の音に驚いて逃げてしまうのだが。

同じ話は、上方落語の《鷺捕り》にも出てくる。鳥を捕まえて一儲けを企む男の話だ。故桂枝雀は雀の場面でも、いちいち雀たちに米が撒かれたときの状況を劇中劇のように語らせて演じ、意味不明ともいえるおもしろさがあった。

メインの鷺を捕らえる場面では餌は用いない。鷺は夜は眠るものだと教えてもらった男、鷺が眠っている間に帯にはさんで持って行こうとする。ところが男が欲ばってたくさんの鷺を捕らえたために、そのうちに鷺が目を覚まし、バタバタバタバタと飛び立って男も空中へ。天王寺の五重塔のてっぺんに置き去りにされてしまう……。鳥を捕らえて儲けるなどという小さい話が、なんともスケールの大きな落語にと展開していく。

釣りが出てくる落語の代表は《野ざらし》だろう。

尾形清十郎という釣り好きの浪人、向島での釣りの帰りに葦の中に人骨を見付け回向するが、その夜、尾形の回向で成仏出来た人骨が礼に来る。しかもその人骨は年の頃十七、八の美女。それを知った隣家の八五郎、尾形から無理やり、釣竿を借りて向島へとやってくる。

「先生のところに来た女はちょっと若すぎたね。俺はもうちょっと年増[1]がいいな」

「ちょっとちょっと、あなた。今見ていましたらね、餌が付いていませんよ。餌を付けないと、お魚は釣れませんよ」

「お魚なんて、釣ろうってんじゃねえんだ。(歌う) アタシは年増が〜」

最初から魚を釣る気のない八五郎には、餌なんか必要ないのだった。

辞書には「餌」の項目にもうひとつの意味が載っている。「人を誘惑するために提供する利益」。年増の女性を釣ろうと思ったら、ミミズやゴカイなんかより、もっと高価な餌が必要だということを八五郎は知らないようだ。

《鰻の幇間》の野幇間も、道を歩いてよいお客をつかまえることを、「陸釣り」といっている。この場合の餌とは、幇間の卓越した弁舌ということになろう。やはり安価な餌で釣りをしようとすると、手痛いしっぺ返しを食うという実例だろう。

（1）年増…娘盛りを過ぎた年齢の女性。江戸時代は適齢期が若かったため、二十歳前後の女性を年増といった。単に年齢が適齢期を過ぎたという意味でなく、酸いも甘いも噛み分けたいい女という意味に用いる。現代では適齢期の範囲も広くなり、死語に近い。

《鷺捕り》

ある男が鳥を捕らえて銭儲けをしようと企む。鷺は夜眠る鳥だと教えられ、鷺のいる池へ行き、そっと捕らえて帯にはさむ。欲ばった男が何匹も捕らえたので、途中で鷺が目を覚ましバタバタバタバタ。鷺が羽ばたいて、男もろとも天高く舞い上がる。男は天王寺の五重塔のてっぺんに取り残されてしまう。

上方落語。故桂枝雀の熱演が懐かしい。前半、鷺を遠くから呼ぶのがなんともばかばかしかった。オチも残酷だが、見事である。

《野ざらし》

尾形清十郎という浪人が向島へ釣りに行った折り、草むらの中で人骨を見付ける。ていねいに回向をしたところ、深夜、人骨が元の姿、年の頃十七、八の美女となって礼に来る。この様子を見た隣家の八五郎、幽霊でもよいから夜中に美人に訪ねて来てほしいものだと勘違い。尾形の釣竿を無理やり借りて向島へ。大勢の釣人が出ているなか、八五郎は破天荒な妄想を始める。サイサイ節などを唄う場面も聞かせどころ。

三代目春風亭柳好が得意としたおなじみの一席。

《鰻の幇間》

「を」参照

ひ

干物《ひもの》箱《はこ》

《干物箱》

魚の食べ方にはいろいろある。

さんまなどは七輪で焼いて、醤油に大根おろしで食べるのがうまい。鮪はやはり刺身だろう。醤油に山葵。鯛なら、刺身か塩焼きがいい。

なんにしろ新鮮な魚はうまい。では新鮮でない魚はどうするか。なんとか工夫して、おいしく食べようとするのが食文化。醤油やみりんに漬けたり、塩や酢でしめたり、発酵させるなど、さまざまな工夫がなされてきた。

その中のひとつに、魚を天日で干して「干物」にするというものがある。

干物は人間が魚を食べるようになった頃からあるというが、獲物を捕ってすぐに食べるだけでなく、「保存」ということを思いついたのが人間の知恵である。縄文時代の遺跡からも、当時の人たちが干物を作って食べていた痕跡が見られるそうだ。

だが天日に干すだけでは時間もかかり、鮮度が落ちやすいので、干す前に煮たり焼いたり塩漬けにしたりと、工程に工夫がなされるようになった。

また、昔からの素干しは保存性を重視するため、何日も干して出来るだけ水分を抜くため、硬くて食感が悪いのが難だった。近年では、一夜干し、生干しが主流となったが、水分が多く保存性がないため冷蔵庫が必要になる。ほかには、くさやのような調味料に漬けて干すもの、塩漬けにした塩干しや、小魚などは煮干しにするやり方もある。はじめは保存目的で行われた干物だが、さまざまな味付けにより、干物としてのおいしさを楽しめるようになってきた。

干物にする魚は種類を選ばないが、鯵、さんま、鰯などが用いられるのは、早い話が値段が安い、ということだろう。

日持ちのする食品であるから、贈答にも用いられた。海沿いの観光地に行くと、干物が土産として売られているのもそのためだ。

贈答用の干物が出てくる落語に《干物箱》がある。

道楽者の若旦那、父親を怒らせて勘当の一歩手前。二階に軟禁状態にされる。どうしても遊びに行きたい若旦那は一計を案じる。物まねが得意な貸し本屋の善公を自分の身代わりに二階にあげて、父親は滅多なことでは上がってこないから声だけで応対させればよいと考えたのだ。

計画は成功したかにみえたのだが、

「おい、せがれ。この間いただいた干物、あれどこにしまったかな?」

階下から声がするが、

「干物……、そんなのは聞いてないよ。どこにしまったかなんて知らないよ」

二階の善公はパニックに。困った揚句、

「えー、干物箱じゃないですか」

干物箱なんて箱はない。おかしな応答ばかりするものだから、いぶかしく思って二階へ上がって来た父親に見つかり、計画露見となる。

保存用の食料とはいえ、うっかりしたところに置いておくと、鼠にかじられる危険性もある。確かに干物専用の干物箱があったら便利だと思うのは、私だけだろうか。

《干物箱》

遊びがすぎる若旦那は父親に怒られて、二階に軟禁状態。貸本屋の善公が声色が得意だということを思い出した若旦那は、湯屋へ行くといって父親をだまし、善公を連れて来て二階に身代わりとして置き、自分は吉原へ行く。一人残された善公が、父親の問いに答える。

落語家の技量が問われる落語だ。二階の善公と一階の父親とのかみあわないセリフのやりとりが聞かせどころである。寄席やホール落語などで演じられている。

も

餅

《尻餅《しりもち》》《豊竹屋《とよたけや》》《幾代餅《いくよもち》》《黄金餅《こがねもち》》

餅といえば正月だ。お飾りにも用いられるが、今でも正月に雑煮を食べるのは、大きな楽しみである。

《尻餅》という落語がある。

貧乏な夫婦が主人公だ。この夫婦は餅が食べたいんじゃない。近所に餅を食べられるくらい経済的に豊かであると、自慢したいのである。早い話が粉飾決算。で、何をしたかというと、女房のお尻を亭主が叩いて、餅を搗いているふりをした。なんとも哀れというか、エロティックというか。この落語の夫婦がＳＭに目覚めやしないかなどと心配するのは、大きなお世話か……。

餅が日本に伝わったのは稲作と同時とされる。平安時代の貴族には、暮れに餅を搗き、正月に食すという風習がすでにあった。

餅は神に捧げるものであり、神様の力の宿った餅を正月に食することで、新年の活力を得ようというものだったという。もっとも活力は神が与えてくれるものでなく、餅の栄養素が活力となる。ちなみに、餅はご飯の倍近くのカロリーがある。ダイエットをしたい人は餅を食べないほうがいいかもしれない。

正月だけでなく、農家では祭事になると餅が食された。臼と杵は農家の必需品でもあった。正月の雑煮の餅は関西では丸餅だが、関東では四角い切り餅が好まれた。これにはちゃんと理由がある。丸餅はいちいち手でこねなければならないが、人口が急増した江戸ではいちいちこねていると間に合わない。そこで、大きくのした餅をこしらえ、冷えてから四角形に切ったのだ。

正月は雑煮だが、ほかにも焼いて醬油を付けたり、黄粉を付けたりするなど、菓子としての餅はふだんから食されていた。

餅好きの江戸っ子も多かったが、俗説で餅は「横根」という病気によくないともいわれた。横根とはリンパ腺が腫れる病気だが、細菌が入って腫れる場合と性病が原因のものとがある。あまりほめられた病気ではなさそうだ。

《豊竹屋》という落語のマクラに、こんな噺がある。

餅好きの男に横根が出た。横根は痛いし餅は食いたい。医者に相談すると、その医者の家の隣が稽古屋で、医者が三味線にあわせて「もちゃかまやせぬ」（こちゃかまやせぬの洒落）。

餅を喉につまらせて死ぬお年寄りの話を聞くが、餅と性病に因果関係があることを私は落語で知った。食い気と色気は死ぬまで、ということなのかもしれない。《豊竹屋》のサゲではねずみが餅を引く場面も登場する。

ほかに、餅の出てくる落語には《幾代餅》《黄金餅》などがある。《幾代餅》は搗米屋の若い男が、吉原の松の位の花魁とめでたく結ばれるという噺。花魁を現代の風俗嬢だと思ってはいけない。当時の花魁は一種のアイドルタレントのようなもの。まさに恋のサクセスストーリーである。一方の《黄金餅》もある意味ではサクセスストーリーだ。

ともに、最後は餅屋を開いて繁盛し、「幾代餅」「黄金餅」の由来の一席として結ぶ。餅というのは縁起のよい食べ物だけに、ハッピーエンドの結びとしては最高のモチーフということなのだろう。

《尻餅》

年の瀬、餅を搗く銭のない夫婦。近所への体裁が悪いと亭主が一計を案じる。女房の尻を叩いて、ペタペタ音をさせて近所に餅を搗いていると思わせようというのだ。尻を叩かれる女房はとんだ災難。

やりようによってはエロティックにも描ける噺だが、そこをさらりと演じるのが落語家の技量か。

《豊竹屋》

義太夫好きで、なんでもかんでも義太夫にして語ってしまう豊竹屋節右衛門という男。朝から湯屋で義太夫を語っているうちに、のぼせてひっくり返り大騒動。この節右衛門の家へ、なんでも口三味線で合いの手を入れるという男がやってきて、二人で義太夫を語りまた一騒動。

六代目三遊亭圓生の名演は今でも心に刻まれている。最近では、林家正雀が義太夫をデフォルメして爆笑ネタで聞かせている。

《幾代餅》

「け」参照

《黄金餅》

「は」参照

せ

赤飯

《熊《くま》の皮《かわ》》《明烏《あけがらす》》

祝いのときに食べるものといえば、餅のほかに「赤飯」がある。

原料は餅米だから同じようなものだが、小豆を入れて赤く色づけしてあるところが、祝事のイメージをかもしだす。

《熊の皮》という落語がある。もともとは艶笑噺《えんしょうばなし》（ちょっとエッチな噺）なのだが、仲のよい夫婦の噺でもある。

亭主は甚兵衛といって少しボーッとしているが、女房がしっかり者だから成り立っている。まあ夫婦なんていうのは、多少女性上位のほうが他人には仲がよく見えるものである。

この夫婦が近所の医者から赤飯をもらった。腹を減らした甚兵衛は一刻も早く赤飯を食べたいのに、女房に家事を命じられ、そのうえ赤飯の返礼の挨拶にも行かされる。命令されるごとに、「おまんま」「赤飯」とつぶやく情けなさが牧歌的な笑いを誘う。

腹が減っているせいもあるだろうが、甚兵衛は「赤飯が好物」だといっている。あのモチモチした食感と祭事のときに食べるというハレの気分は楽しさを増幅させる。赤飯は甚兵衛に限らず、江戸っ子共通の好物だったのだろう。しかし、甚兵衛には赤飯よりも好物のものがあったというのがこの落語のオチ。

艶笑噺だから、寄席などではかけられないが、ほかの場所ではこっそり演じられているのだろう。過激なエロスシーンが映像やインターネットで手軽に見られる時代だけに、こうした言葉だけのエロスのほうが意外と心持ちがよい場合もある。

赤飯のルーツは、最近では自然食レストランなどで見られる「古代米」というもの。色の赤黒いご飯が縄文時代から食べられていて、以後、玄米や白米が食されるようになっても、祭事のときには赤米が供えられることが多かった。

江戸時代は餅米を蒸したものを一般に「おこわ」といい、赤飯とは区別していたが、現在では赤飯を総称して「おこわ」「こわ飯」などとよんだりする。

赤い色には厄除けの意味もあり、疫病平癒の祈願にも赤飯は食された。

また二月の初午にも、赤飯は食された。稲荷を信仰していた江戸っ子は、初午には稲荷神社で盛大にお祭りをした。江戸では王子稲荷が、関東圏では茨城の笠間稲荷が有名である。落語では《王子《おうじ》の狐《きつね》》が王子を、《紋三郎稲荷《もんざぶろういなり》》が笠間を舞台にしている。

大きな稲荷に参らずとも、町内の稲荷でも初午祭りは盛大に行われた。子供たちが太鼓を叩いて、赤飯がふるまわれたのだから、楽しいイベントであったろう。

《明烏》では日向屋の若旦那の時次郎が初午祭りに出かけ、ふるまいの赤飯をお代わりしてくる。

「地主のせがれが店子の祭りで赤飯をお代わりするとは」

まじめで本ばかり読んでいる息子。あまりに世間知らずなことが親には心配の種。そこで、町内の札付きである源兵衛と多助に、時次郎を遊びに連れて行ってくれと頼む。もっとご利益のあるお稲荷様があると、源兵衛、多助に連れられて吉原へ行く時次郎……。青春の通過儀礼を描いた一席だ。

もっとも翌朝、日向屋で時次郎のために赤飯を炊いたかどうかは定かではない。

《熊の皮》

女房の尻に敷かれている甚兵衛。仕事から帰ってきても、女房に命令され家事をやらされる。近所の医者から、返礼に赤飯をもらった。その礼に行けとまた女房に命令され、甚兵衛はしぶしぶ医者の家へ行く。

艶笑噺として演じられていたが、現在ではほのぼのした女性上位夫婦の噺として演じられることが多い。

《明烏》

日向屋の若旦那、時次郎は家にこもって本ばかり読んでいる。親は心配し、町内の札付き、源兵衛と多助に愚痴をこぼすに、二人は時次郎に「ご利益のある稲荷がある」と嘘をつき吉原に連れだす。童貞喪失エピソードを扱ったネタ。

八代目桂文楽の十八番。そこが稲荷でなく吉原だと知った時次郎の狼狽と、花魁の布団で一夜を明かした後の対比が聞かせどころ。現在でも演じる落語家は多い。

す

酢豆腐

《酢豆腐《すどうふ》》《寄合酒《よりあいざけ》》

酢豆腐とは豆腐の腐ったもので、ずばり《酢豆腐》という落語がある。命名はキザな若旦那。中身は前出の《ちりとてちん》と同じものだ。

町内の若い者が集まって、一杯飲むという相談がまとまった。飲むったって、ヤクルトを飲むんじゃない。もちろん、酒だ。

飲むと相談はまとまったものの、あいにく誰一人として銭を持っていない。いや、「あいにく」は今日たまたま持っていないときに使う言葉で、こいつらは先祖代々「あいにく」なのだ。

兄貴分が酒屋に顔がきくので、酒はなんとかなった。さて困ったのが肴だ。ここで兄貴分が、江戸っ子が好む理想の酒の肴に付いて述べる。

「銭がかからなくて、酒飲みの食い物らしくって、歯あたりがよくて腹にたまらねえ、さっぱりとして衛生によくて、他人に見られても体裁のいいような夏の食べ物」

なるほど。銭がないんだから、銭がかからないは第一条件。もちろん、ただというわけにはいかないが、安価に越したことはないだろう。

そこで提案されたのが、「爪楊枝」。値段は安く、腹にたまらず衛生にいい。なんかうまいものを食べた後に見えるから、体裁もいいだろう。しかし、いくらなんでも爪楊枝では酒は飲めない。

そうこうするうちに、鼠入らずの中に昨日の豆腐があったことを思いだす。ところが、与太郎がこともあろうに釜の中に入れて、ふたをしてしまったというのだ。夏場である。案の定、昨日の豆腐は色が変わって異臭を放っている。

そこへ都合よくやって来るのが、キザな若旦那。町内の連中は、この若旦那に「通家《つうか》（通人。この場合は食通の意味）の召し上がりもの」などといって食わしてしまおうという、悪いいたずらを思い付く。

酢豆腐は論外として、江戸っ子の好む酒肴として具体的に何があるだろうか。

同様の落語に《寄合酒》がある。この落語も兄貴分が酒を用意してくれる。肴はみなで持ち寄ろうと話がまとまるが、誰一人として銭を持っていない。どうして落語の登場人物は誰一人として銭を持っていないのかね。しかし、それぞれが町内に顔のきく店があるだろうと、集めに廻ることとなる。

さすがは町内に顔のきく連中だ。鯛、棒鱈、鰹節、数の子といったものが集まる。なるほど、《酢豆腐》の兄貴分のいうとおりの肴が集まった。

ところが、これらはみなだましたり盗んだりしてきたもの。一番ひどいのは鰹節で、子供たちが鬼ごっこをしているところへ入って、「鬼は角がないと格好が悪い」といって、乾物屋の子供に鰹節を二本持ってこさせる。自分が鬼になり子供たちが逃げたところで、鰹節を持って逃げて来たという、子供をだます悪い奴だ。

まともなのは、与太郎。味噌を持って来た。

「味噌なんか、どうしたんだ?」

「拾ったんだ」

「どこで？」

「原っぱで」

おいおい、怪しいぞ。しかし、品物は確かに味噌だ。よくよく聞いてみると、原っぱに止まっていた乾物屋の自転車の荷台から拾ってきた。ひどい奴があるものだ。

《酢豆腐》

町内の連中が集まって酒を飲むことになる。ところが肴を買う銭がない。昨夜の豆腐の残りがあるのを思いだすが、釜の中にしまっていた。季節は夏、豆腐は腐って異臭を放っている。そこへキザな若旦那が通りかかり、この豆腐を珍味だと嘘をついて食べさせようとする。

《ちりとてちん》と同工だがテーマは別。若旦那の前に出てくる建具屋の半公との対比がおもしろい。若旦那のキザっぷりや、威勢はいいが銭のない江戸っ子連中をどう聞かせるかがポイント。

《寄合酒》

町内の連中が集まって酒を飲むことになる。ところが肴を買う銭がない。そこで、皆で一品ずつ肴を持ち寄ることとなる。鯛、棒鱈、鰹節、数の子、味噌などが集まるが、いずれも盗んできたものばかり。まあ、いいやと酒の支度にとりかかる。

銭のない連中が大勢集まって飲もうとするばかばかしいネタ。寄席などで演じられている。

お江戸こぼればなし　捌

魚屋

《芝浜》の勝五郎は「腕のいい魚屋」といわれている。魚屋の腕とは何か。もちろん市場で活きのいい魚を仕入れる。魚を見る眼もある。

一方、魚屋の腕は、包丁捌き、料理人としての腕もある。

魚屋は飯台の上で、客の注文に応じて魚を捌く。「刺身にしてくれ」「三枚におろしてくれ」「切り身にしてくれ」。それこそ目の下三寸の鯛を買っても、そのままでは家庭の台所では料理なんか出来ない。切り身になっていれば、焼いたり煮たりも出来る。

魚屋は、店舗は基地で、店の若い衆が飯台を担いで売り歩く。長屋などの一般家庭でなく、武士などお屋敷の台所に出入りした。

魚河岸は日本橋。江戸の台所といわれた。

《芝浜》の舞台は芝の浜、魚河岸ではなく「雑魚場」と呼ばれたところ。江戸湾近海の魚が売られていた。今の田町駅の近くに「芝浜雑魚場の碑」が建っている。

ん

雲古

《汲《く》みたて》《法華長屋《ほっけながや》》《肥辰一代記《こえたついちだいき》》

江戸はリサイクル都市だった、などとよくいわれる。

落語にも《らくだ》《井戸《いど》の茶碗《ちゃわん》》《岸柳島《がんりゅうじま》》など屑屋の出てくる噺、《道具屋《どうぐや》》《火《か》焔太鼓《えんだいこ》》など古道具屋の出てくる噺、《江島屋騒動《えじまやそうどう》》《樟脳玉《しょうのうだま》》など古着屋の出てくる噺などがある。ほかにも、「か文字屋」といって髪の毛を拾ったり買ったりする商売や、「灰買い屋」といって竈の灰を買っていく商売もあった。そんなものどうするのか。か文字（髪の毛）は鬘やつけ毛や人形の毛に、灰は陶器を焼くときの釉薬に用いられた。

とはいえ、一番のリサイクルといえば、やはり「ウンコ」であろう。

俗にいう「九尺二間」の長屋の家賃はものすごく安かった。そんな長屋の大家がどこで収入を得ていたのかといえば、ずばり長屋の共同便所にたまるウンコである。

現在の埼玉方面のお百姓が江戸のウンコを汲みにきた。ウンコなんかどうするのか。もちろん、畑の肥料にするのである。人口の多い江戸のウンコはお百姓にとっては宝だ。しかも江戸の住民は田舎と違い、けっこういいものを食べているので、肥料にはもってこいの濃いウンコをするのである。

ウンコの代金はいくらぐらいなものか。興味のあるところである。銭でもらう場合もあったが、現物支給の場合もあったようだ。つまり農家でとれた野菜との物々交換である。「南総里見《なんそうさとみ》八犬伝《はっけんでん》」の作者、曲亭馬琴《きょくていばきん》の日記によると、天保二（一八三一）年で大人一人につき、茄子五十本、大根五十本であったという。大人一人につき、という計算方法が理にかなっている気がする。

こうした汲み取りの作業は桶を担いでお百姓がやってきたが、そのまま担いで埼玉まで帰るわけではない。舟や大八車に積んで運んだ。

肥舟の出てくる落語に《汲みたて》がある。稽古屋の女師匠に長屋の連中が惚れているが、女師匠には本命の男、半次がいた。夏のある日、女師匠は半次と屋形舟で夕涼みに出かけた。このことを与太郎から聞きだした町内の連中は怒り心頭、自分たちも舟を仕立てて女師匠と半次を追う。

そして二人がいい雰囲気になったら、隣でドンチャン騒ぎをして邪魔してやろうというのだ。男の嫉妬のなんと醜いことか。当然、半次が怒る。

「てめぇら、糞でも食らいやがれ」

「おう、食らうから、持ってこい」

そしたら、肥舟が一艘スーッとやって来て……。

《法華長屋》という落語は、法華宗の熱心な信者の大家さんが、法華宗の信者にしか肥を汲ませないというので、念仏信者の男が法華宗だと偽り、肥を汲みに来る噺。肥を汲むにも相手に取り入らねばならない、大変なことのようだ。曲亭馬琴も、肥汲みの野菜の数のことでお百姓と交渉をしたりもしている。

新作落語では、三遊亭圓丈《さんゆうていえんじょう》作の《肥辰一代記》。「一本のウンコはただのウンコだが、三本集まると立派な肥になる」など数々の名ゼリフで、肥汲みに命を賭けた男たちの話をみずみずしく語る。何かを超越した爆笑の名作である。

さて、ウンコを漢字で書くと「雲古」。あの形が、雲が古くなって落ちたものに見えたという、臭いさえなければなんとも風流である。あっ、もちろん、ウンコは食べ物ではない。食べ物の行き着く先、そしてまた肥料として新たな食べ物を生みだすのだ。おあとがよろしいようで。

《汲みたて》

稽古屋の師匠は美人なので岡惚れしている男が多いが、この師匠が半公といい仲であることが与太郎の口から知れる。悔しがる町内の連中。師匠と半公は屋形船で大川へ夕涼みに行くという。怒り狂って船を大川に出す町内の連中、二人がしっぽりとやっている横でドンチャン騒ぎをして邪魔してやろうとするのだが……。

男の嫉妬の醜さを、痛快な下ネタでやりこめる。あまり演じる落語家がいないが、おもしろいネタである。

《法華長屋》

日蓮宗の熱心な信者である大家は、店子も出入りの商人も日蓮宗でなければ許さない。汲み取りに来るお百姓も、日蓮宗でなければだめだという。ある念仏宗信者の百姓が、自分は日蓮宗の信者だと嘘をついて大家に近づく。現在ではあまり演じられない。

過剰な信心を笑う落語には、《宗論》《小言念仏》《おせつ徳三郎》《堀の内》などがある。江戸は徳川家が浄土宗だったため、念仏信者が多かったが、池上本門寺、堀の内妙法寺などがあり日蓮宗の信者も多かった。

《肥辰一代記》

時代は昭和の初め頃、汚穢屋になりたいと思った若者が、汚穢屋の老舗「肥辰」に弟子入りをする。もちろん、両親は反対するが若者の決意は固い。肥辰は徳川家康の前で肥汲みを披露して以来、大奥の肥汲みを許された由緒ある汚穢屋で、現当主の十三代目も肥汲み中興の祖といわれる名人だった。この名人が若者を一目見て、恐ろしい「ウン気」を感じた……。

三遊亭圓丈作、口演による新作落語。古典落語の雰囲気でつづる清々しいウンコの噺。

お江戸こぼればなし　玖

遊女屋

吉原が唯一の公娼。四宿といわれる品川、新宿、板橋、千住は私娼である。

吉原の遊女は花魁と呼ばれる。四宿は旅籠が建前なため、遊女は飯盛り女と呼ばれた。

遊女以外の従業員の呼び方は同じである。遊女以外の女性従業員は「おばさん」、男性従業員は「若い衆」と呼ばれた。女性は若くても「おばさん」、男性は年寄りでも「若い衆」である。「おばさん」はまたの呼び名を「遣り手婆」ともいう。婆ばかりではない。若い女性もいるというのは、遊女を廃業して「おばさん」になる女性もいた。落語の《お直し》の主人公がそうで、元遊女だと、働く遊女の気持ちも客の気持ちも手に取るようにわかるから、管理者としては適任である。

四宿の飯盛り女を主人公にした落語は、品川宿が舞台のものが多い。風光明媚な観光地的な場所だから噺にもなりやすいのだろう。《品川心中》《居残り佐平次》《品川の豆》などがある。

●本書は二〇〇六年一二月発行『食べる落語——いろはうまいもんづくし』（教育評論社：刊）を改訂したものです。

あとがき

「時そば」「饅頭こわい」なんていう落語を聞くと、噺家がうまそうにそばを食べたり、饅頭をパクパク食べたり、そんな仕草を楽しむことが出来る。

「時そば」は屋台の熱いそば。丼を持って食べる。「そば清」はもりそば、そばを猪口の汁につけて食べる。

そばの食べ方は実際にも難しい。たっぷり汁につけて食べてはいけない。少しそばをつまんで、ツルツルと食べるんだが、これがなかなか難しい。

都内にはいわゆる老舗のそば屋が何軒かある。そういう店に行くと、そばの盛りが少ない。食事と考えると、二三枚は食べたいところだ。「そば清」で清兵衛が十枚食べるのもわからなくはない。

だが実際は、そばなんて何枚も食べるものではない。

メニューを見ればわかる。板わさ、焼き海苔、玉子焼き、なんていうのがある。そば屋の玉子焼きは独特のうまさがある。焼き海苔なんかも、うまい。そんなのを頼んで、お酒を飲んで、最後に一枚そばを食べて帰る。

そんなうるさいことをいわなくていいんだよ。食べたいように食べればいいんだよ。でも、まぁ、昔から、そういう食べ方してたんだ。

ここが重要。

西洋料理のマナーもそう。めんどくさい。でもね、なんでそんな食べ方をするのかといえば、それがおいしく食べる方法だから。歴史で培われてきたんだ。

フランス人とか日本人とか、食いしん坊民族は、おいしく食べる追求をしてきたんだ。

江戸の話芸、落語には、おいしく食べる話があまたある。そんな話を聞きながら、おいしく食べる方法を学んだりも出来る。

学ばなくても笑っているうちに、そういうもんだ、ということがわかってくる。それが落語だ。

楽しく笑っておいしく食べる、そんなことのお役に立てれば、ありがたい話である。

本書は二〇〇六年に刊行したものの再刊。一部加筆修正した。また、二〇〇六年版には「落語入門コラム」があったが、その後の落語ブーム、名人たちの死など、落語界の事情も変わっているため、別の機会に譲ることとし、別コラムを掲載した。

再刊にあたり、教育評論社、久保木さんにご尽力を賜った。ありがとうございます。

稲田和浩

稲田 和浩［いなだ かずひろ］
1960年東京出身。作家、脚本家、日本脚本家連盟演芸部副部長、文京学院大学講師（芸術学）。落語、講談、浪曲などの脚本、喜劇の脚本・演出、新内、長唄、琵琶などの作詞、小説などを手掛ける。
主な著書に『食べる落語』『恋する落語』『はたらく落語』（教育評論社）、『浪曲論』（彩流社）、『にっぽん芸能史』（映人社）、『落語に学ぶ大人の極意』『水滸伝に学ぶ組織のオキテ』（平凡社新書）、『そんな夢をあともう少し―千住のおひろ花便り』（祥伝社文庫）など。

いろは落語づくし 壱
落語からわかる江戸の食

2019年11月22日　初版第1刷発行

著　者　稲田和浩
発行者　阿部黄瀬
発行所　株式会社　教育評論社
〒103-0001
東京都中央区日本橋小伝馬町1-5　PMO日本橋江戸通
TEL 03-3664-5851
FAX 03-3664-5816
http://www.kyohyo.co.jp
印刷製本　萩原印刷株式会社

ISBN 978-4-86624-024-4　C0076